미디어 리터러시
교육을 위한

새로운
어휘 사전

미디어 리터러시 교육을 위한 새로운 어휘 사전

1쇄 발행 2023년 3월 7일
2쇄 발행 2024년 1월 8일

지은이	박현희, 류금희
그린이	김린
펴낸이	이학수
펴낸곳	키큰도토리
편 집	오세경
디자인	박정화

출판등록 제395-2012-000219호
주소　　 10543 경기도 고양시 덕양구 청초로 66, B-617호
전화　　 070-4233-0552
팩스　　 0505-370-0552

전자우편　 kkdotory@daum.net
블로그　　 blog.naver.com/gallant1975
페이스북　 facebook.com/kkdotory
인스타그램 instagram.com/kkdotory

* 책값은 뒤표지에 있습니다.
* 잘못된 책은 구입처에서 교환하여 드립니다.
* 이 책은 저작권자와 계약에 따라 발행한 것이므로 본사의 허락 없이는
　어떠한 형태나 수단으로도 이 책의 내용을 이용하지 못합니다.

ⓒ 박현희 · 류금희 · 김린, 2023
ISBN 979-11-92762-04-3 73700

어린이제품안전특별법에 의해 제품표시

제조자명 키큰도토리	**전화번호** 070-4233-0552
제조국명 대한민국	**주소** 경기도 고양시 덕양구 청초로 66, B-617호
사용연령 만 9세 이상 어린이 제품	

미디어 리터러시
교육을 위한

새로운 어휘 사전

박현희·류금희 글 | 김린 그림

키큰도토리

작가의 말

낱말 부자가 될 어린이 친구들에게

학교 화단에 보라색과 카키색이 멋들어지게 어우러진 채 무성하게 자라고 있는 식물을 발견했습니다. 그늘진 곳에서 엄청난 기세로 줄기를 뻗으며 무성한 이파리를 자랑하는 그 식물을 그냥 잡초라고 부르는 것이 안타까워 폭풍 검색을 시작했죠. 기어코 알아낸 '얼룩자주달개비'라는 이름. 제대로 된 이름으로 부를 수 있게 된 순간, 이름 모를 식물이었던 그 아이는 제게 소중한 존재가 되어 주었죠. 점심시간이면 화단으로 가서 얼룩자주달개비에게 인사를 건넵니다.

"너 혼자서는 못 하잖아, 내가 아니면 너는 친구도 없잖아, 내 말대로 해서 잘못된 적 있어? 그러니까 잠자코 내가 하자는 대로 해."

다 나를 위해 하는 말이라고 하는데, 왜 내 마음은 이다지도 쪼그라드는 것인지 알 수가 없었습니다. 그러다 '가스라이팅'이라는 말을 알게 되었어요. 사랑, 친절, 혹은 우정이라는 말로 포장되어 알쏭달쏭했던 그와 나의 관계가 선명하게 본 모습을 드러냈지요. 마치 마법이 풀리는 것처럼 말이에요.

말은 우리가 세상과 관계를 맺는 방법입니다. 말의 뜻을 정확히 알게 되면, 알쏭달쏭했던 것이 분명해지고 희미했던 것이 선명해집니다. 무엇인지 잘 몰라서 이름을 붙일 수는 없지만 불편했던 마음이 정확하게 표현됩니다. 이 순간 모든 것이 달라질 수 있습니다. 세상과 더 좋은 관계를 맺을 수 있고, 내 마음을 정확하게 표현할 수 있으며, 내가 원하는 것을 당당하게 말할 수 있게 되지요.

미디어에서 종종 접하게 되는 새로운 어휘들을 모아 정성스럽게 설명을 달아 이 책을 만들었습니다. 다음 날 공부를 위해 정성스럽게 연필을 깎아 필통 속에 넣어 두는 마음으로요. 미디어에 새롭게 등장하는 어휘들의 뜻만 제대로 알아도 미디어 리터러시 교육의 절반은 이루어진 것과 같습니다. 뭉툭하게 사용하던 어휘들을 뾰족하게 다듬어서, 나와 세상에 대해 제대로 알아가는 공부를 계속했으면 좋겠습니다.

세상은 계속 변화하고 말은 계속 새롭게 만들어집니다. 이 책에 미처 담지 못한 말들도 많고, 이 책이 나온 뒤에 새롭게 태어날 말도 많을 것입니다. 하지만 선생님들은 걱정하지 않아요. 이 책을 읽은 어린이 독자들은 스스로 새로운 말을 정확하게 익히는 능력을 갖게 될 테니까요. 이제 나만의 어휘 사전을 만들어 볼까요? 매일 한 단어씩만 새로 익혀도 우리는 낱말 부자가 될 거예요. 세상 모든 생각 부자는 낱말 부자에서부터 출발했답니다.

박현희, 류금희 선생님이

차례

과학 기술

메타버스(metaverse)	16
브이아르(VR: virtual reality)	18
블록체인(blockchain)	20
비트코인(bitcoin)	22
빅 데이터(bigdata)	24
아바타(avatar)	26
아이콘(icon)	28
알고리즘(algorithm)	30
에이아르(AR: augmented reality)	32
엔에프티(NFT: non-fungible token)	34
인공 지능(AI: artificial intelligence)	36
자율 주행 자동차	38
클라우드(cloud)	40
하이브리드(hybrid)	42

문화 예술

갈라 쇼(gala show)	46
도슨트(docent)	48
랜드마크(landmark)	50
레트로(retro)	52
시지(CG: computer graphics)	54
오티티(OTT: over the top)	56
인포그래픽(inforgraphic)	58
캘리그래피(calligraphy)	60
트레일러(trailer)	62
홀로그램(hologram)	64

팬데믹

컨트롤 타워(control tower)	68
코로나 블루(corona blue)	70
코호트 격리(cohort isolation)	72
트래블 버블(travel bubble)	74
팬데믹(pandemic)	76

생활

넛지(nudge)	80
뇌피셜(腦-official)	82
드라이브스루(drive-through)	84
로컬 푸드(local food)	86
롤 모델(role model)	88
루틴(routine)	90
리콜(recall)	92
리터러시(literacy)	94
밀키트(meal kit)	96
브이로그(vlog)	98
셀럽(celeb)	100
소셜 커머스(social commerce)	102
소확행	104
스몰 액션(small action)	106
언박싱(unboxing)	108
워라밸(work-life balance)	110
인플루언서(influencer)	112
제노포비아(xenophobia)	114
플로깅(plogging)	116
해시태그(hashtag)	118

사회

가스라이팅(gaslighting)	122
공유 경제	124
국민 총행복(GNH: gross national happiness)	126
돈쭐	128
미투(me too)	130
바이럴 마케팅(viral marketing)	132
보이스 피싱(voice phishing)	134
사이버 레커(cyber wrecker)	136
성 중립 화장실	138
스모킹 건(smoking gun)	140
스토킹(stalking)	142
알리바이(alibi)	144
엘지비티(LGBT)	146
인플레이션(inflation)	148
1인 시위(一人 示威)	150
젠더 프리 캐스팅(gender free casting)	152
커밍아웃(coming-out)	154
크라우드 펀딩(crowd funding)	156
탈코르셋(脫-corset)	158
플랫폼 노동(platform 勞動)	160
플리 마켓(flea market)	162
핑크택스(pink-tax)	164

※ 이 책에 나오는 순화어는 '국어문화원연합회'의 '쉬운 우리말 사전'에 따랐습니다.
국어문화원연합회 https://www.kplain.kr

환경

그린 모빌리티(green mobility)	168
그린슈머(greensumer)	170
그린테일(greentail)	172
리사이클링(recycling)	174
바이오산업(bio産業)	176
업사이클링(upcycling)	178
에어 커튼(air curtain)	180
에코마일리지(ecomileage)	182
제로웨이스트(zero waste)	184

표제어 찾아보기(가나다순)

ㄱ

가스라이팅(gaslighting)	122
갈라 쇼(gala show)	46
공유 경제	124
국민 총행복(GNH: gross national happiness)	126
그린 모빌리티(green mobility)	168
그린슈머(greensumer)	170
그린테일(greentail)	172

ㄴ

넛지(nudge)	80
뇌피셜(腦-official)	82

ㄷ

도슨트(docent)	48
돈쭐	128
드라이브스루(drive-through)	84

ㄹ

랜드마크(landmark)	50
레트로(retro)	52
로컬 푸드(local food)	86
롤 모델(role model)	88
루틴(routine)	90
리사이클링(recycling)	174
리콜(recall)	92
리터러시(literacy)	94

ㅁ

메타버스(metaverse)	16
미투(me too)	130
밀키트(meal kit)	96

ㅂ

바이럴 마케팅(viral marketing)	132
바이오산업(bio産業)	176
보이스 피싱(voice phishing)	134
브이로그(vlog)	98
브이아르(VR: virtual reality)	18
블록체인(blockchain)	20
비트코인(bitcoin)	22
빅 데이터(bigdata)	24

ㅅ

사이버 레커(cyber wrecker)	136
성 중립 화장실	138
셀럽(celeb)	100
소셜 커머스(social commerce)	102
소확행	104
스모킹 건(smoking gun)	140
스몰 액션(small action)	106
스토킹(stalking)	142
시지(CG: computer graphics)	54

ㅇ

아바타(avatar)	26
아이콘(icon)	28
알고리즘(algorithm)	30
알리바이(alibi)	144
언박싱(unboxing)	108
업사이클링(upcycling)	178
에어 커튼(air curtain)	180
에이아르(AR: augmented reality)	32
에코마일리지(ecomileage)	182
엔에프티(NFT: non-fungible token)	34
엘지비티(LGBT)	146
오티티(OTT: over the top)	56
워라밸(work-life balance)	110
인공 지능(AI: artificial intelligence)	36
인포그래픽(inforgraphic)	58
인플레이션(inflation)	148
인플루언서(influencer)	112
1인 시위(一人 示威)	150

ㅈ

자율 주행 자동차	38
제노포비아(xenophobia)	114
제로웨이스트(zero waste)	184
젠더 프리 캐스팅(gender free casting)	152

ㅋ

캘리그래피(calligraphy)	60
커밍아웃(coming-out)	154
컨트롤 타워(control tower)	68
코로나 블루(corona blue)	70
코호트 격리(cohort isolation)	72
크라우드 펀딩(crowd funding)	156
클라우드(cloud)	40

ㅌ

탈코르셋(脫-corset)	158
트래블 버블(travel bubble)	74
트레일러(trailer)	62

ㅍ

팬데믹(pandemic)	76
플랫폼 노동(platform 勞動)	160
플로깅(plogging)	116
플리 마켓(flea market)	162
핑크택스(pink-tax)	164

ㅎ

하이브리드(hybrid)	42
해시태그(hashtag)	118
홀로그램(hologram)	64

과학 기술

메타버스(metaverse)
브이아르(VR: virtual reality)
블록체인(blockchain)
비트코인(bitcoin)
빅 데이터(bigdata)
아바타(avatar)
아이콘(icon)
알고리즘(algorithm)
에이아르(AR: augmented reality)
엔에프티(NFT: non-fungible token)
인공 지능(AI: artificial intelligence)
자율 주행 자동차
클라우드(cloud)
하이브리드(hybrid)

🔍 메타버스(metaverse)

친구와 버스를 타고 내가 좋아하는 캐릭터가 그려진 필통을 사러 갔다. 그런데 버스에서 내리자 가려고 했던 문구점이 어느 쪽에 있는지 가는 방향이 갑자기 헷갈린다. 스마트폰을 열고 지도 앱을 켜서 내가 있는 곳과 문구점이 있는 곳을 확인한다. 그렇게 지도 앱을 이용하여 문구점을 찾아 필통을 샀다. 그런데 내가 지도 앱을 열어서 문구점 가는 길을 찾는 것이 '메타버스'라고 한다. 정말 그런 걸까?

메타버스는 가상, 초월 등을 뜻하는 영어 단어 메타(meta)와 우주를 뜻하는 유니버스(universe)가 합쳐져 새로 생긴 말로, 현실 세계와 같은 사회, 경제, 문화 활동이 이루어지는 3차원의 가상 세계를 가리킨다. 메타버스는 VR(가상 현실)나 AR(증강 현실)보다 한 단계 더 진화한 개념으로, 아바타를 이용해 게임이나 가상 현실을 즐기는 데에서 더 나아가 현실과 같은 활동을 할 수 있다는 것이 특징이다.

메타버스라는 말은 1992년 미국 작가 닐 스티븐슨의 소설 〈스노 크래시〉에서 처음 등장했다. 소설에서 메타버스는 아바타를 통해서만 들어갈 수 있는 가상의 세계를 가리킨다. 소설의 주인공은 현실 세계에서는 피자 배달원이지만, 가상 세계에서는 뛰어난 해커로 살고 있다. 주인공이 메타버스 세상에서 해커라고 하니 내가 친구들과 하는 로블록스가 떠오른다. 메타버스 공간인 로블록스에 들어가면 내가 만든 아바타로 이것저것 하면서 시간을 보낼 수 있다. 친구들과 연락해서 로블록스에서 만나 대화도 하고 같이 게임도 한다. 앞으로 내가 상상한 게임을 로블록스에서 직접 만들어 볼까 생각 중이다.

메타버스라는 말은 낯설지만, 우리는 이미 메타버스 세상에 살고 있다. 소설 〈스노 크래시〉의 메타버스는 VR와 비슷한 개념이다. 현실에서 VR와 AR를 오가며 누리는 모든 것이 메타버스라고 할 수 있다. 메타버스는 매일 조금씩 달라지고 있다. 메타버스는 앞으로 또 어떤 모습을 보여 줄까?

뜻 웹상에서 아바타를 이용하여 사회, 경제, 문화적 활동을 하는 것처럼 가상 세계와 현실 세계의 경계가 허물어지는 것을 이르는 말
순화어 초월 세계

브이아르(VR: virtual reality)

 만일 할머니가 돌아가셨다면 보고 싶을 것이다. 하지만 보고 싶다고 해서 돌아가신 할머니를 다시 모셔 올 순 없다. 그러면 할머니를 만날 수 있는 방법은 없을까? 한 가지 방법이 있다. 할머니와 같이 찍은 사진이나 동영상이 있다면, 사진과 영상, 목소리로 할머니를 만날 수 있다. 할머니의 목소리와 사진, 동영상으로 할머니를 실제처럼 만들어 대화를 나눌 수 있는 것이다. 여기에 필요한 것이 바로 'VR' 기술이다.

 VR은 가상이란 뜻의 버츄얼(virtual)과 현실이라는 뜻의 리얼리티(reality)의 머리글자 V와 R을 따서 만든 말로, 가상 현실이라는 뜻이다. 그럼 가상 현실이란 뭘까? 가상은 실물처럼 보이는 거짓이다. 그러니까 가상 현실은 실물은 아니지만 실제처럼 보이는 현실을 말하고, 이를 만들어 내는 기술이 VR 기술이다. 이 기술은 1938년 한 논문이 발표되면서 시작되었다. 논문에는 눈의 착각이 평면을 3D 입체로 보이게 할 수도 있다고 적혀 있었다. 올리버 웬들 홈스는 이 논문을 보고 입체경을 만들었는데, 이 입체경이 VR 특수 안경의 시작이다. VR 특수 안경은 쉽게 구할 수 있다. VR 체험 영상은 당장이라도 유튜브에 들어가면 찾을 수 있다. VR 체험존에 가면 조금 더 실제에 가깝게 체험할 수 있지만, VR 특수 안경을 쓰고 영상만 틀어도 영상 속에 내가 있는 것처럼 느껴진다.

　VR 체험을 하면서 멀미나 메스꺼움을 느끼는 사람들이 있다. 그건 지금의 VR 기술이 우리의 뇌를 완전히 속이지 못하기 때문이다. VR 특수 안경을 쓰고 벽을 탄다고 해 보자. 눈은 벽을 타고 있지만 현실의 몸은 집에 앉아 있다. 그러면 뇌는 혼란스러워진다. '지금 벽을 타고 있는 거야? 그럼 기압도 높아지고 팔은 힘들고 바람도 불어야 하는데, 왜 이렇게 조용하고 엉덩이는 바닥에 있는 거야.' 하면서 정신이 없으니 멀미가 나는 것이다. 하지만 어지럽다고 포기할 필요는 없다. VR 기술이 눈뿐만 아니라 몸 전체가 실제 체험하는 것처럼 느끼도록 만드는 방법이 나오고 있다. 가상 현실과 현실의 간격이 조금씩 좁혀지고 있다.

뜻 현실이 아닌데도 실제처럼 생각하고 보이게 하는 현실
순화어 가상 현실

🔍 블록체인(blockchain)

　매주 수요일은 용돈을 받는 날이다. 받은 용돈으로 음료수도 사 먹고, 친구 생일 선물도 산다. 그리고 일부는 저금을 한다. 나는 100만 원을 모으겠다는 목표를 세웠다. 이를 위해 돈을 돼지 저금통에 넣으면 나만 아는 비밀이 된다. 만일 이 돈을 은행에 저금하면, 내가 저금한 돈을 은행이 관리해 준다. 통장에는 그동안 저금한 10만 원이 찍힌다. 내가 천 원, 이천 원씩 저금한 돈이 통장에 숫자로 보이고, 은행은 그 돈이 내 돈이라는 것을 인정해 준다. 이와 달리 '블록체인' 기술을 이용하면 은행이 확인해 주지 않아도 된다. 내가 10만 원 저금했다는 것을 네트워크에 연결된 여러 컴퓨터가 인정해 주면 되는 것이다.

블록체인은 정보(데이터)를 나누어서 저장하는 기술을 말한다. 거래를 기록한 장부인 정보를 블록이라 하고, 이 정보들이 사슬처럼 엮어 있다고 해서 붙여진 이름이다. 예를 한 가지 들어 보자. 한 반의 회장은 투표로 선출한다. 개표가 되면 구성원들은 회장이 홍길동임을 인정한다. 이때 학생 A가 '홍길동은 회장이 아니야.'라고 해도 회장은 바뀌지 않는다. 회장이 누구인지 모두가 알고 있기 때문이다. 만일 A가 '홍길동은 회장이 아니야.'라고 하면, B가 '홍길동이 회장 맞아. 3월 5일 선거에서 가장 많은 표를 받았잖아.'라고 할 것이다. 그러면 다른 학생들이 '맞아, 맞아.'라고 확인해 준다. 마찬가지로 블록체인에서는 '내가 저금한 돈이 10만 원!'이라는 정보가 블록이 되고, 똑같이 복사된 정보들이 구성원들의 컴퓨터에 저장된다. 똑같은 정보를 가진 블록이 체인처럼 연결되어 서로 올바른 정보인지 비교하고 정리한다. 컴퓨터상에서 검증이 이루어지는 셈이다.

블록체인 기술이 생겨나면서 컴퓨터로 할 수 있는 일이 더 많아졌다. 비트코인이나 엔에프티(NFT)도 블록체인 기술이 있어서 가능하게 되었고, 같은 정보가 여러 곳에 저장되기 때문에 정보를 위조하는 일이 줄어 안전해졌다. 또 시장에서 산 시금치에 대해서도 누가 어느 지역에서 농사를 지었고, 누가 포장했고, 포장한 걸 누가 배달해 주었고, 그걸 어디서 팔았는지 같은 일련의 정보를 저장할 수 있어서 거래가 투명해졌다.

뜻 정보(데이터)를 분산 처리하는 것으로, 블록에 정보를 담아 체인 형태로 연결하여 수많은 컴퓨터에 복제해 저장하는 기술
순화어 공공 거래 장부, 분산 거래 장부

🔍 비트코인(bitcoin)

　요즘 스마트폰으로 롤플레잉 게임을 할 때, 아이템을 사려면 코인이 필요하다. 웹툰을 볼 때도 웹툰 플랫폼마다 다른 코인이 필요하고, 이모티콘을 살 때도 코인이 필요하다. 게임을 하거나 웹툰을 볼 때 사용하는 코인은 이벤트에 참여하거나 가입하는 것으로 받을 수 있지만, 모자라면 현실의 돈으로 사야 한다. 그렇다면 어른들이 말하는 '비트코인'도 게임에서 사용하는 코인 같은 것일까?

　비트코인은 컴퓨터에서 사용하는 정보량의 기본 단위인 비트(bit)와 동전을 뜻하는 코인(coin)이 합쳐진 말로, 온라인 가상 화폐의 하나이다. 국가에서 인정한 실물 화폐가 아니라 컴퓨터에서 만들어져 온라인 세계에서 사용되는 돈을 가상 화폐라고 한다. 게임이나 웹툰에서 사용되는 코인뿐만 아니라 비트코인도 가상 화폐라고 할 수 있다. 비트코인은 블록체인 기술을 통해 만들어졌다. 예전에는 정해진 은행에서만 돈을 만들고 관리할 수 있었다. 하지만 블록체인은 은행을 통하지 않고도 돈을 만들거나 관리할 수 있도록 해 준다. 여러 컴퓨터에서 돈을 발생시키거나 거래를 할 수 있도록 해 주고, 이 정보를 저장하여 공유하는 방식을 만든 것이다. 여기에서 탄생한 돈이 바로 비트코인과 같은 가상 화폐다.

게임의 코인은 게임 회사가, 웹툰의 코인은 웹툰을 제공하는 회사가, 은행에 입금한 돈은 은행이 누구의 소유인지를 확인해 준다. 그런데 비트코인은 확인해 주는 기관이 없어도 누구의 소유인지가 인정된다. 블록체인 기술로 누구의 소유라는 정보가 기록되고, 함께 사용하는 모든 컴퓨터에 저장되기 때문이다. 비트코인을 처음으로 개발한 사람은 나카모토 사토시라는 정체불명의 컴퓨터 프로그래머라고 하는데, 아직도 이 사람에 대해서 정확하게 알려진 것은 없다. 아무튼 나카모토 사토시 덕분에 비트코인은 세상에 태어났으며, 그 사용 범위가 점점 넓어지고 있다. 이에 따라 비트코인과 비슷한 작동 방식을 가진 이더리움, 빗썸 등의 가상 화폐들이 속속 등장하고 있다.

뜻 지폐나 동전과 달리 물리적인 형태가 없는 온라인 가상 화폐의 하나

빅 데이터(bigdata)

학생회에서 현장 학습에 관한 설문 조사를 했다. 질문은 '현장 학습으로 가고 싶은 곳은 어디인가?', '현장 학습은 일 년에 몇 번이 적당한가?' 등이었다. 친구들과 함께라면 어디든 좋지만, 그래도 내가 좋아하는 '놀이공원에 4번'이라고 적었다. 설문 조사 결과를 보니, 가장 많이 나온 장소는 '놀이공원'과 '체험 학습 센터'였고, 횟수는 2번이 제일 많았다. 이처럼 설문 조사를 통해 얻은 의미 있는 자료를 영어로 데이터(data, 자료)라고 한다. 조사한 내용을 모으고 분석해서 학생들이 원하는 현장 학습을 진행한다면 더 많은 학생이 즐기는 현장 학습이 될 것이다. 만일 현장 학습에 관련된 설문을 매년 실시해서 한 10년 정도의 데이터가 쌓인다면 어떨까? 학생들이 가고 싶어 하는 곳과 횟수가 어떻게 변했는지까지도 확인이 가능할 것이다. 이 정도면 '빅 데이터'라고 할 수 있지 않을까?

　빅 데이터란 기존의 방법이나 도구로는 처리할 수 없는 많은 양의 데이터, 또는 이를 분석하여 의미를 부여하는 기술을 말한다. 사람들이 스마트폰을 많이 쓰면서 빅 데이터라는 말이 탄생했다. 스마트폰을 손에 쥐는 순간부터 나에 대한 정보가 어딘가에 저장된다. 내가 어떤 앱을 자주 사용하는지, 유튜브에 들어가서 무얼 검색하는지까지도 저장이 된다. 그런 자료가 쌓여 빅 데이터가 생긴다. 자료를 살펴보면 지금 살아가고 있는 사람들이 무얼 좋아하는지, 10대는 어떤 곳에 자주 가는지 같은 것들을 알 수 있다. 이를 분석하면 사회의 변화와 사람의 행동 변화도 알 수 있다. 미래 사회를 예측하는 일도 가능해진 것이다.

　유튜브는 내가 '슬라임'을 검색하면 계속 '슬라임'과 관련된 자료를 추천 영상으로 보여 준다. 이것은 유튜브 회사에서 빅 데이터를 이용해 우리에게 편의를 제공하는 것이다. 내가 검색한 내용의 빅 데이터를 분석해서 내가 좋아할 만한 영상을 보여 주는 것이다. 그런데 자꾸 비슷한 영상만 보면, 다른 생각을 못 하게 되지 않을까? 여기서 필요한 것이 리터러시다. 빅 데이터의 바다에서 즐겁게 헤엄치려면 정보를 제대로 이해할 수 있는 리터러시를 키워야 한다.

뜻 기존의 데이터베이스로는 수집, 저장, 분석 따위를 수행하기가 어려울 만큼 방대한 양의 데이터
순화어 거대자료

🔍 아바타(avatar)

　메타버스의 세계로 들어가기 위해서는 '아바타'를 만들어야 한다. 사진을 찍은 다음 얼굴 모양과 머리 스타일, 코의 모양을 고른다. 만들어진 아바타가 나랑 비슷하게 생겼다. 아니, 더 멋지게 만들어진 것 같다. 완성된 아바타는 내가 조종하는 대로, 메타버스 세상을 뛰어다닌다. 아바타는, 인도 신화에서 신이 인간 세계에 내려와 인간처럼 변신한 여러 모습을 말하는 '아바따라'에서 유래했다고 한다. 그러니까 아바타는 가상 세계에 컴퓨터 이미지로 만들어진 '나'라고 할 수 있다. 아바타는 현실의 나와 닮았을까? 닮지 않았을까? 사람들은 내가 만든 아바타가 나인지 알까?

　메타버스에서는 무엇을 할 수 있을까? 게임도 할 수 있고, 친구도 사귈 수 있고, 내가 좋아하는 옷을 만들 수도 있다. 생각보다 많은 것이 가능하다. 내가 만든 옷을 입은 나의 아바타가 길을 다니면 다른 아바타들이 쳐다본다. 나는 옷을 디자인하고 만드는 일이 좋다. 미래의 직업으로 패션 디자이너는 어떨까? 같은 메타버스를 이용하는 친구와 시간을 정해서 메타버스에서 만난다. 밖에서 만나기 어려운 시간에도 메타버스에서 만나는 건 어렵지 않다. 만나서 게임도 하고 이야기를 나눌 수도 있다. 현실 친구와 메타버스에서 소통할 때 나와 나의 아바타는 비슷하다. 아직까지는 현실 친구와 보내는 시간이 많지만, 메타버스를 통해 새로운 친구를 사귀기도 한다. 새로운 친구가 만든 공간을 구경하고, 게임도 하고 대화도 나눈다. 메타버스에서 사귄 친구는 길을 가다가 만나도 내가 나인 줄 모를 거다.

　2009년에 만들어진 〈아바타〉라는 영화는 현실 세계의 주인공이 아바타라는 프로그램을 통해 판도라라는 행성으로 가게 되면서 벌어지는 일을 그리고 있다. 링크룸을 통해 인간의 의식으로 원격 조종하는 아바타가 판도라 행성에서 생활한다. 주인공은 처음에는 인간이었지만, 영화의 마지막에서는 판도라 행성에 아바타로 남는 것을 선택한다. 그런 일은 영화 속에서나 일어날 것 같지만 가상 세계와 현실이 혼동될 때도 있다. 이제 현실과 가상 세계의 조절이 필수인 시대가 되었다.

뜻 가상 현실에서 자신의 역할을 대신하는 캐릭터
순화어 분신, 가상 인물

🔍 아이콘(icon)

　내가 좋아하는 가수 A는 '시대의 아이콘'으로 불린다. 주변에 이 가수를 좋아하는 친구들이 많다. 광고에도 자주 나오고, 새 노래를 발표하기만 하면 각종 음원 차트에서 1등을 한다. 인기가 많은 연예인을 '아이콘'이라고 부르는 건가? 그건 또 아닌 것 같다. '배려의 아이콘', '노력의 아이콘' 같은 말을 듣는 사람도 있다. 그런 사람들이 모두 연예인은 아니고, 유명인이 아닐 때도 있다. 오히려 아이콘으로 불리며 유명해진 경우도 있다. 그럼 아이콘이란 무슨 뜻일까? 아이콘은 상징이란 의미로, 신처럼 숭배의 대상이 되는 사람이나 물건을 뜻한다. '시대의 아이콘' 하면 우리 시대를 대표하는 사람이라는 뜻 정도가 될 것이다. '배려의 아이콘'은 배려를 잘해서 다른 사람에게 모범이 되는 사람 정도로 해석할 수 있다.

그런데 아이콘은 사람에게만 붙이는 말이 아니다. 스마트폰이나 컴퓨터에서도 사용된다. 눌러서 화면이 열리게 하는 작은 이미지도 아이콘이라고 부른다. 아이콘은 모양만 봐도 어떤 기능을 나타내는지 알 수 있다. 메모, 전화, 게임, 검색 등 아이콘만 보고도 찾을 수 있다. 이렇게 사용되는 아이콘은 일종의 기호로, 정보를 정확하고 빠르게 전달하기 위한 것이다.

아이콘은 원래 그림을 뜻하는 히브리어 에이콘(eikon)에서 유래된 말이다. 이때의 그림은 예수나 성자의 그림을 말하며, 이를 숭배의 대상으로 삼았다. 이것을 보면 사람에게 붙이는 'ㅇㅇ의 아이콘'과 컴퓨터나 스마트폰에서 쓰이는 '아이콘'은 비슷한 이유로 같은 이름이 붙었음을 알 수 있다. 이처럼 무언가를 상징하는 사람이나 그림에 아이콘이라는 말이 붙는다. '시대의 아이콘'은 이 시대의 모습을 대표하는 사람이라고 할 수 있는데, 그 사람의 어떤 부분이 이 시대를 대표하는 것인지 궁금해진다. '시대의 아이콘'이라 불리는 가수가 입고 나온 옷이 많이 판매되고, 노래가 여기저기서 흘러나온다. 어쩐지 아이콘이 갖고 있는 '대표한다'라는 의미를 알 수 있을 것 같다.

뜻 그리스 정교에서 모시는 예수, 성모, 순교자 등의 초상, 또는 컴퓨터에 제공하는 명령을 문자나 그림으로 나타낸 것
순화어 상징, 그림 단추

알고리즘(algorithm)

 사회 과목 수행 평가로 내가 흥선 대원군이 되어 나라 개방에 대한 찬반 입장을 정하고 그 이유를 작성해야 한다. 나는 개방에 반대하는 입장이다. 반대 이유를 어디서 어떻게 찾아야 할까? 인터넷 자료 검색, 유튜브 검색, 도서관에서 자료 찾아보기 등 몇 가지 방법이 떠오른다. 먼저 문제 해결을 위해 자료를 어떻게 찾을지 절차를 생각해 본다. 인터넷으로만 찾을 것인가? 도서관에 갈 것인가? 도서관에 간다면 어느 도서관으로 가야 할까? 가장 가까운 도서관으로 가고 싶은데, 가까운 도서관은 어디에 있을까?

 문제 해결을 위한 이런 절차를 '알고리즘'이라 한다. 알고리즘은 중세 이슬람의 수학자인 무하마드 알 콰리즈미의 책에서 나온 말로, 수학에서 과제를 수행하기 위한 일정한 절차를 의미한다. 지금은 컴퓨터 프로그램이 과제를 해결하는 절차와 방법을 뜻하는 말로 더 많이 사용된다.

컴퓨터에서 흥선 대원군에 대한 자료를 찾기 위해 '흥선 대원군'을 입력하면 그에 대한 정보가 나타난다. 또 도서관을 찾고 싶어 컴퓨터에 물어보면 가장 가까운 도서관을 찾아 준다. 이러한 정보는 프로그래머가 정해 놓은 알고리즘에 따라 검색된 결과이다. 프로그래머는 어떤 질문이 들어오면 어떤 순서로 일을 해야 하는지 미리 코딩해 놓는다. 컴퓨터는 그 알고리즘에 따라 일을 하고 그 결과를 보여 준다. 만일 프로그래머가 지역에 관한 검색어가 들어오면 가장 가까운 장소부터 검색하라는 알고리즘을 만들었다면, '도서관'을 입력했을 때 가장 가까운 도서관 정보를 보여 주는 식이다.

그런데 프로그래머가 만들어 놓은 알고리즘에 따라 보여 주는 자료를 믿을 수 있을까? 내가 자료를 찾는 프로그램이 어떤 알고리즘에 따라 검색을 진행하여 그 결과를 보여 주는지는 알 수 없다. 알고리즘에 따라 검색되어 나타나는 내용은 프로그래머나 기업의 생각과 성향에 따라 달라진다. 그러니 검색된 자료를 볼 때는 꼼꼼히 살피고, 다른 방향의 문제 해결 방법도 생각해 보아야 한다. 지금 보는 자료가 나에게 적합한지 아닌지 판단하는 것은 나의 몫이다.

뜻 어떤 문제의 해결을 위해, 입력된 자료를 토대로 원하는 출력을 유도해 내는 규칙의 집합
순화어 셈법, 연산 방식, 풀이 흐름

에이아르(AR: augmented reality)

집에 있는 블록으로 멋진 성을 만들었다. 이제 패드를 켜고 게임을 해 볼까? 화면을 열고 블록을 비추면 내가 만든 성이 보인다. 그런데 내가 만든 성의 꼭대기에 거대한 괴물이 나타나 행패를 부리고 있다. 성 여기저기에 작은 괴물들도 나타난다. 성에 침입한 괴물들을 없애고 성을 되살려야 한다. 패드에 나타난 괴물들을 무찌르자 성 주변에 폭죽이 터진다. 패드 속의 성에서는 여러 일이 일어났지만, 실제 블록으로 만든 성은 고요하다. 어떻게 된 걸까?

이제 밖으로 나가 보자. 동네 공원에는 그네와 미끄럼틀이 있다. 그곳을 내 스마트폰으로 비추면 그네에 앉아 있는 새와 미끄럼틀로 쏟아져 내리는 꽃잎을 볼 수 있다. 스마트폰에 보이는 꽃잎을 만지니 꽃잎이 이리저리 움직이며 미끄럼틀 옆으로 떨어진다. 이처럼 현실 세계를 스마트폰이나 패드 같은 기기를 이용해 화면에 비추면 현실 세계와 연결된 가상의 이미지나 정보가 나타나는 것을 'AR(augmented reality)', 즉 증강 현실이라고 한다. VR와 비교하자면, VR는 모든 것이 컴퓨터로 만들어진 가상이고, AR는 현실 세계에 가상의 정보를 추가한 점이 다르다.

　AR는 어떻게 가능한 걸까? 내가 가지고 있는 기기에 위치를 알려 주는 장치, 카메라, 그리고 카메라로 비추는 사물이 무엇인지 인식하는 앱까지 설치되어 있다면 얼마든지 가능하다. 그럼 이걸로 뭘 할 수 있을까? 매일 아침 학교 가기 전에 날씨를 확인할 수 있다. 앱을 켜고 창 쪽을 비추면 오늘의 날씨가 화면 위로 나타난다. 친구가 읽고 있는 책을 사고 싶다면, 책을 스마트폰에 비추기만 하면 된다. 그러면 책이 얼마인지, 언제 나온 건지, 어디서 판매하는지 알 수 있고 바로 살 수도 있다. 몇 년 전 '포켓몬 고'라는 게임이 엄청나게 유행했다. 한강에 특별한 포켓몬이 자주 나타난다며 이를 잡기 위해 사람들이 몰려들었다. 그 위치에 희귀 포켓몬이 나타나도록 게임을 만들어 놓은 결과다. 원래 유명한 곳이 아니었는데, 포켓몬 고 게임 덕분에 유명한 장소가 되었다.

뜻 현재 실제로 존재하는 사물이나 환경에 가상의 사물이나 환경을 덧입혀서, 마치 실제로 존재하는 것처럼 보여 주는 컴퓨터 그래픽 기술, 또는 그러한 기술로 조성된 현실
순화어 증강 현실

🔍 엔에프티(NFT: non-fungible token)

우리가 사용하는 문화 상품권 같은 실물 상품권은 현금과 비슷하게 물건을 살 수도 있고, 돈으로 바꿀 수도 있다. 실물 화폐는 아니지만 가상 화폐도 컴퓨터 속에서 상품권과 비슷한 역할을 한다. 돈은 아니지만 돈처럼 사용할 수 있고, 실물의 돈으로도 교환이 가능하다. 이 같은 상품권을 영어로 토큰(token)이라고 한다. 상품권 또는 대용 화폐라는 뜻이다. 그런데 바꿀 수 없는 토큰도 있다. 바로 '엔에프티'라는 것이다. '대체 불가능한 토큰(non-fungible token)'이라는 뜻의 영어 알파벳 머리글자를 따서 만든 말이다. 그게 뭐길래 대체하는 것, 즉 바꾸는 것이 불가능하다는 것일까?

컴퓨터상에 존재하는 모든 것은 똑같이 복사할 수 있다. 내가 컴퓨터로 만든 자료를 복사하면 그 자료가 내가 만든 것인지, 다른 사람이 만든 것인지 구별하기 쉽지 않다. 그런데 블록체인 기술이 나오면서 자료를 처음 만든 사람과 이것을 복사해서 가지고 있는 사람의 정보가 계속 쌓이게 되었다. 그로 인해 컴퓨터로 운영되는 세상에도 유일한 무언가가 생겨나기 시작했다. 종이에 그린 내 그림은 복사를 해도 누구나 내가 그린 그림과 복사된 그림을 구별할 수 있다. 그렇지만 컴퓨터로 그린 그림을 다른 사람이 복사해서 사용하면, 어느 그림이 내 그림인지 나조차도 구별하지 못할 것이다. 그런데 내가 그린 디지털 그림에 엔에프티 기술을 적용하면 처음 내가 그린 그림이 어떤 것인지, 그 그림을 사용하고 있는 사람은 누구인지가 기록된다. 복사한 그림에는 복사한 그림이라는 정보가 생긴다. 디지털 그림이나 영상에도 세상에 하나밖에 없는 것, 즉 대체할 수 없는 것이 존재하게 된 것이다. 그러니까 엔에프티는 디지털 그림, 영상, 글, 음악 등에서 진품을 보증하는 증명서 같은 역할을 한다.

얼마 전에 어느 작가가 그린 디지털 작품이 경매에서 약 2억 5천만 원에 팔렸다고 한다. 가상 세계에도 저작권, 소유권 등의 개념이 생겨나기 시작한 것이다.

뜻 고유한 방법으로 블록체인에 기록되어 다른 것으로 대체할 수 없는 디지털 자산
순화어 대체 불가능한 토큰

🔍 인공 지능(AI: artificial intelligence)

대견이가 청소를 시작했다. 어떻게 해야 하는지 알려 주지도 않았는데 전원만 누르면 집을 깨끗이 청소해서, 로봇 청소기 이름을 '대견이'라 지었다. 가끔 실수도 하고 내가 이름을 불러도 맡은 일만 하고 있지만, 납작한 몸이 이리저리 다니는 걸 보면 좀 귀엽다. 대견이는 눈이 없어서 먼지나 장애물을 보지 못할 텐데 어떻게 청소를 하는 걸까?

사람이 수학 문제를 풀거나 목적지까지 가장 빠른 시간에 가는 방법을 찾아내는 능력을 지능이라고 한다. 지능은 지혜와 재능, 그리고 새로운 대상이나 상황에 부딪혔을 때 그 의미를 이해하고 해결 방법을 찾아내는 지적 활동 능력을 말한다. '인공 지능'이란 이와 같은 사람의 지능을 컴퓨터 프로그램으로 만들어 낸 것을 말한다. 대견이에게는 바로 이런 인공 지능이 탑재되어 있다. 대견이에게는 청소하는 프로그램이 입력되어 있다. 처음에는 프로그램 개발자가 만든 알고리즘에 따라 청소한다. 청소하면서 벽과 소파 등 집의 구조를 학습한다. 대견이는 집의 모양을 데이터로 저장하고 분석하여 차차 우리 집에 최적화된 청소 로봇이 되어 간다.

이와 같은 인공 지능의 학습 기술을 머신 러닝(machine learning; 기계 학습)이라고 부른다. 머신 러닝 기술은 입력된 정보를 바탕으로 학습을 통해 결정을 내릴 수 있도록 알고리즘을 만든다. 머신 러닝 중에서도 딥 러닝(deep learning; 심층 학습) 기술은 사람의 뇌처럼 입력한 정보를 통해 스스로 추가 학습까지 가능하게 했다. 딥 러닝은 뇌의 신경망처럼 알고리즘을 설계한다. 신경망은 서로 다른 기억과 학습 내용을 연결하여 입력된 자료를 통한 추가 학습과 판단이 가능하게 한다.

인공 지능은 자율 주행 자동차가 될 수도 있고, 노래를 만들 수도 있고, 춤을 출 수도 있다. 스스로 학습을 통해 나날이 똑똑해지고 있다. 컴퓨터가 생겨나고 인공 지능 프로그램이 있으니 컴퓨터로 모든 일이 가능할 것 같다. 하지만 실상은 그렇지 않다. 인공 지능 프로그램을 어떤 방식으로 만들고, 무엇을 학습시키고, 어디에 사용할지는 모두 인간의 머리와 손, 마음에서 시작된다는 걸 기억해야 한다.

> **뜻** 인간의 지능이 갖고 있는 학습, 추리, 적응, 논증 따위의 기능을 갖춘 컴퓨터 시스템

🔍 자율 주행 자동차

　고속 도로에서 운전할 때면 엄마의 발이 조금 편안해진다. 이번에 새로 산 자동차 '까망이'는 자율 주행이 가능하다. 직진을 하는 도로에서 '자율 주행' 기능을 켜면 까망이는 엄마가 조정해 놓은 속도에 맞춰서 운전을 한다. 그러다 앞에 있는 차와 너무 가까워지면 엄마가 브레이크를 밟지 않아도 앞차와 적절한 거리를 유지하며 속도를 낮춘다.

　'자율 주행 자동차'란 운전자가 없어도 목적지까지 도착할 수 있는 자동차를 말한다. 시스템이 알아서 차선을 바꾸고, 신호도 보고, 좌회전도 하고, 주차도 할 수 있게 되는 것을 목표로 하고 있다. 그러면 운전을 하지 못하는 나도 스마트폰으로 출발지와 목적지를 입력하고 자율 주행 자동차를 이용할 수 있다. 요금을 내면 자율 주행 자동차가 내가 있는 곳으로 와서 나를 목적지까지 데려다줄 것이다.

아직까지 대부분의 자동차 자율 주행 능력은 까망이 정도에 머물러 있다. 시스템이 알아서 운전의 모든 것을 할 수 있는 완전 자율 주행을 4, 5단계라고 한다. 예전처럼 사람이 판단해서 운전하는 걸 1단계, 까망이처럼 직진 도로에서 운전자를 보조하는 정도를 2단계, 좌회전이나 차선 바꾸기까지 가능한 정도가 3단계다.

2, 3단계만 되어도 운전자는 이전보다 훨씬 편리하게 운전할 수 있다. 자동차가 달리는 동안 계속해서 브레이크와 엑셀로 속도 조절을 하지 않아도 되고, 핸들 조작도 일부는 자동차가 알아서 해 준다. 그래도 이 단계까지는 운전자의 개입이 필수다. 자율 주행을 하다가 운전자의 개입이 필요하면 까망이는 '삐빅' 소리를 내며 핸들을 잡으라고 신호를 보낸다.

기업에서는 완전 자율 주행 자동차를 이미 만들었다고 한다. 그러나 아직까지는 자동차나 사람의 돌발 상황이 많지 않은 곳에서만 완전 자율 주행을 할 수 있다. 언제 튀어나올지 모르는 공이나 사람, 갑자기 생긴 상황에 대처하는 능력이 아직은 부족하기 때문이다. 일상생활에서도 완전 자율 주행 자동차를 사용할 수 있도록 하기 위해, 기업에서는 방대한 주행 데이터를 토대로 계속 연구하고 있다.

뜻 사람이 운전하지 않아도 스스로 달려서 목적지까지 갈 수 있는 자동차

🔍 클라우드(cloud)

　책과 인터넷을 검색해 수행 평가 과제물을 만들었다. 이를 발표하려면 학교에 자료를 가지고 가야 하는데 컴퓨터를 들고 갈 수는 없다. 물론 USB 같은 저장 장치에 담아 갈 수도 있지만 그것도 불편하다. 이럴 때 필요한 것이 바로 '클라우드'다. 집에 있는 컴퓨터에서 만든 발표 자료를 클라우드에 업로드(upload, 자료를 서버에 올리는 것)하고, 학교에 가서 클라우드를 열어 발표하면 된다. 이처럼 우리 집 컴퓨터에서 만든 자료를 저장해 두고, 이를 여러 장소에서 필요할 때 불러올 수 있는 공간을 클라우드라고 한다. 우리가 사용하는 스마트폰은 사진이나 동영상을 저장할 수 있는 용량이 정해져 있다. SNS에 자료를 올려 내가 만든 걸 여러 사람과 공유하고 싶지만, 용량이 큰 자료는 다른 사람과 공유하기가 쉽지 않다. 이럴 때 클라우드를 사용하면 편리하다.

그럼 이런 걸 왜 구름이라는 뜻의 클라우드라고 부르는 걸까? 어디서든 인터넷이 가능해지면서, 거대한 용량의 서버(정보 저장 컴퓨터)를 가진 회사들이 클라우드 서비스를 시작했다. 서버는 하늘에 떠 있는 거대한 구름이고, 구름 안에 내가 만든 자료를 넣어 둔다. 그리고 장소에 상관없이 어디서나 하늘의 구름에 연결하여 자료를 꺼내 쓰고 다시 넣어 둔다. 그런 의미로 클라우드라고 부른다.

개인만이 아니라 기업도 클라우드를 이용한다. 많은 양의 자료를 관리하려면 돈도 공간도 많이 필요하다. 그래서 기업은 돈을 내고 클라우드 회사에 자료를 보관하기 시작했다. 그러면서 몇 가지 변화가 생겼다. 기업들이 클라우드를 이용하면서 자료 보관과 사용에 관한 고민이 없어졌다. 그래서 기술 개발에 더 힘을 쏟게 되었다. 클라우드 이용이 다양한 곳에서 일어나면서 우리도 편해졌다. 회사는 달라도 앱과 프로그램의 사용 속도가 비슷한 것도 클라우드 덕분이다. 스마트폰이 초기화되어도 걱정 없다. 클라우드에 로그인만 하면 저장된 연락처나 사진을 초기화된 스마트폰에서 사용할 수 있으니까. 그런데 내 모든 정보를 가지고 있는 클라우드 서비스 회사를 믿어도 되는 걸까?

뜻 데이터를 인터넷과 연결된 대용량 컴퓨터에 저장해서 인터넷에 접속하기만 하면 언제 어디서든 데이터를 이용할 수 있는 시스템
순화어 자원공유, 인터넷 정보 통신 자원 통합·공유

하이브리드(hybrid)

원래 휴대폰은 전화의 기능을 하기 위해 만들어졌다. 사진은 카메라, 음악은 오디오, 지도는 네비게이션을 사용했다. 이제는 그 모든 기능이 스마트폰에 다 들어 있다. 스마트폰 하나면 전화는 물론이고 사진과 동영상을 찍을 수 있고, 음악도 들을 수 있으며, 지도 앱을 켜서 길도 찾을 수 있다. 이처럼 서로 연결될 것 같지 않은 것들을 묶어 하나의 물품이나 현상으로 만들어 내는 것을 '하이브리드'라고 한다. 원래 전화, 카메라, 오디오, 네비게이션은 서로 다른 물품이다. 그런데 스마트폰이라는 하나의 기기로 묶였으니 하이브리드라고 할 수 있다.

하이브리드 중에 우리가 일상에서 가장 많이 접하는 말은 하이브리드 자동차일 것이다. 하이브리드 자동차는 석유를 사용하는 엔진과 배터리를 이용한 전기 모터라는 두 개의 엔진이 함께 작동하는 자동차이다. 석유와 전기라는 다른 에너지가 하나의 자동차를 움직이니 하이브리드다. 하이브리드 자동차는 일반 자동차보다 연비(1리터의 석유로 자동차가 움직일 수 있는 거리)가 높고, 배출 가스가 적다는 것이 장점이다. 전기만 사용하는 전기 자동차는 친환경적이지만, 배터리 충전만으로는 먼 거리를 가기 어렵다. 하이브리드 자동차는 일반 자동차보다는 친환경적이고, 전기 자동차보다는 먼 거리를 빠른 속도로 갈 수 있다는 장점이 있다.

하이브리드라고 하면 자동차를 떠올리기 쉽지만, 서로 다른 요소가 섞인 혼합이라는 의미로 기계, 사회, 문화적인 부분에서도 사용되고 있다. 요즘은 서로 다른 요소의 장점만을 선택해서 만든, 성능이나 경제성이 뛰어난 물건에 하이브리드라는 말을 붙이기도 한다. 또 사회적인 의미에서는 다양한 목소리를 포용하고 통합하는 것을 하이브리드식 접근 방식이라고 부른다. 온라인과 오프라인을 연결하는 콘서트를 개최하는 가수가 있다. 세계적인 규모의 은행에서는 본점 직원은 대면으로, 영업점과 해외 영업점은 비대면으로 연결하여 하이브리드 회의를 한다. 세상에 존재하는 것들을 우리의 필요에 맞게 섞어서 새로운 창조물을 만들어 낸다는 의미의 하이브리드는 미래 세상을 대표하는 용어 중 하나가 되었다.

뜻 서로 다른 성질을 가진 요소를 둘 이상 뒤섞음
순화어 혼합형, 복합형

문화 예술

갈라 쇼(gala show)
도슨트(docent)
랜드마크(landmark)
레트로(retro)
시지(CG: computer graphics)
오티티(OTT: over the top)
인포그래픽(inforgraphic)
캘리그래피(calligraphy)
트레일러(trailer)
홀로그램(hologram)

🔍 갈라 쇼(gala show)

2019년에 피겨 여왕 김연아 선수의 '갈라 쇼'가 열려 많은 사람들이 큰 관심을 보였다. 갈라 쇼는 메달을 두고 경쟁하는 경기가 아니라 축제처럼 즐기는 쇼이기 때문에, 긴장감은 줄어들고 즐거움은 커진다. 김연아 선수는 '부담은 내려놓고 재미있게 준비했다.'며 관객들도 함께 즐겨 주기를 바란다고 했고, 관객들은 멋진 무대에 감동했다. 지금까지도 많은 사람들이 김연아 선수의 갈라 쇼 영상을 즐겨 보고 있다.

갈라 쇼란 큰 경기나 공연이 끝나고 나서 축하하기 위해 벌이는 공연을 말한다. 그래서 올림픽 같은 대규모의 피겨 스케이팅 경기가 끝나면, 선수들이 저마다의 기량을 뽐내는 갈라 쇼가 열린다. 김연아 선수의 은퇴 경기이기도 했던 2014년 소치 올림픽에서도 갈라 쇼가 열렸고, 김연아 선수는 존 레논의 〈이매진〉에 맞추어 평화를 염원하는 멋진 공연을 선보였다. 관객에게는 더 큰 즐거움을, 선수들에게는 점수와 상관없이 자신의 멋진 기량을 뽐낼 수 있는 기회를 주기 위해 마련된 공연이다. 피겨 스케이팅 말고도 리듬 체조처럼 예술성이 높은 경기들은 경기 후에 갈라 쇼를 연다. 그러니까 갈라 쇼는 경기의 뒤풀이 공연인 셈이다.

갈라쇼가 피겨 스케이팅이나 리듬 체조에만 있는 것은 아니다. 뮤지컬 갈라 쇼도 있고, 오페라 갈라 쇼도 있다. 갈라 쇼라는 말의 뿌리가 되는 갈라(gala)에 대해서는 여러 가지 해설이 있다. 잔칫상을 의미하는 말이라는 얘기도 있고, 이탈리아의 전통 축제 복장을 의미하는 말이라는 얘기도 있다. 심지어 이탈리아에 이런 말은 없다고 하는 주장도 있다. 어쨌든 그 말이 어디서 나왔는지는 정확히 알 수 없지만, 분명한 것은 잔치나 축제처럼 재미있는 것들이 많이 있다는 것이다.

갈라 쇼는 우리말로 '뒤풀이 공연'이라고 하는데, 요즘에는 뒤풀이 공연이 아닌 갈라 쇼도 많이 있으니 적당한 우리 말을 더 궁리해 보아야 할 것 같다.

뜻 큰 경기나 공연이 끝나고 나서 축하하기 위해 벌이는 공연이나 행사
순화어 뒤풀이 공연

도슨트(docent)

"우리 같이 전시회에 갈래?"

이런 제안을 받았을 때 어떤 마음이 드는가? 지루하고 다리만 아프고 재미없고……! 이런 마음이 든다면 생각해 보자. 전시회는 관객들의 흥미를 끌 만한 것들을 모아 놓은 행사인데, 이게 재미없다면 이유는 분명하다. 전시의 내용을 이해할 수 없기 때문이다. 하지만 세상에는 전시회를 이해할 수 없는 사람들이 나 말고도 많이 있다. 그래서 전시에 대한 이해를 돕도록 '도슨트' 프로그램을 제공한다. 그러니 전시회에 가려는 마음이 있으면, 가기 전에 도슨트 프로그램을 확인하고 그 시간에 맞춰 가 보자. 전시회를 즐기는 신기한 경험을 하게 될 것이다.

도슨트는 박물관이나 미술관 등에서 관람객들에게 전시와 관련한 설명을 하는 안내원을 말한다. '가르치다'라는 뜻을 가진 라틴어 'docere'에서 유래했다고 하는데, 말 그대로 관람객들에게 전시의 내용에 대해 가르쳐 주는 일을 하는 사람이다. 19세기에 영국에서 처음 생겨났고 20세기 초 미국을 거쳐 전 세계로 퍼졌다. 우리나라에는 1995년에 처음으로 도입되었다고 한다.

도슨트는 마음만 먹으면 누구나 될 수 있다. 그 전시에 대해 깊이 알고 다른 사람들에게 자신이 알고 있는 것을 잘 설명해 줄 수 있다면 자격은 충분하다. 여러 박물관이나 미술관들이 도슨트를 교육하는 프로그램을 운영하고 있어서, 그 과정을 마치면 도슨트 활동을 할 기회를 얻을 수 있다. 어린이나 청소년을 위한 프로그램도 있다. 관심 있다면 도전해 보자! 그렇다면 도슨트는 직업이 될 수 있을까? 과거에 도슨트는 기본적으로 자원봉사 활동이라서 돈을 벌 수 없었기 때문에 독자적인 직업이라고 보기 어려웠다. 하지만 세상은 달라졌고, 지금은 전문적인 도슨트들이 활약하고 있다. 어떤 도슨트는 연예인처럼 팬들을 몰고 다니기도 하는 세상이 되었다.

뜻 미술관이나 박물관 등에서 관람객에게 전시와 관련한 설명을 해 주는 사람
순화어 전문 안내원, 전문 도우미

랜드마크(landmark)

오늘은 우리 집 집들이를 하는 날이다. 얼마 전에 이사를 했기 때문이다. 전화를 걸어 우리 집의 위치를 물어보는 손님들에게 엄마는 '하늘공원 후문 근처'라고 설명해 주신다. 우리 집은 유명하지 않지만 하늘공원은 유명하니까, 사람들이 쉽게 찾아오도록 설명하는 방법이다. 이럴 때 하늘공원은 우리 동네의 '랜드마크' 구실을 한다고 말할 수 있다.

랜드마크란 땅을 뜻하는 랜드(land)와 표시라는 뜻의 마크(mark)가 합쳐진 말로, 원래는 '땅에 표시를 한다'는 뜻에서 나온 말이다. 옛날에 순례자들이나 상인들, 사냥꾼들이 길을 잃어버리지 않도록 특별한 표시를 해 놓았던 것에서 유래했다고 한다. 등산을 하다 보면 양 갈래로 갈라진 길이

나올 때가 있다. 어느 쪽으로 가야 할지 고민된다면 주변을 휘휘 둘러보자. 나무에 매달린 노랑, 주황, 연두색 등의 리본이 보일 것이다. 그 리본이 묶인 쪽으로 가면 길을 잃지 않고 등산을 계속할 수 있다. 앞선 등산객들이 뒤에 오는 등산객을 위해 랜드마크로 리본을 묶어 놓은 것이다.

　요즘은 랜드마크의 뜻이 좀 바뀌었다. 그 지역을 대표하는 커다란 상징물이나 건축물을 랜드마크라고 부르는 경우가 많다. 예를 들면 서울의 랜드마크는 남산타워나 남대문, 뉴욕의 랜드마크는 자유의 여신상, 파리의 랜드마크는 에펠탑 혹은 루브르 박물관, 베이징의 랜드마크는 천안문, 이런 식으로 말이다. 랜드마크의 본래 의미를 생각한다면 랜드마크가 이렇게 거창할 필요는 없다. 친구들과 함께 우리 학교의 랜드마크, 우리 동네의 랜드마크를 찾아보는 것은 어떨까? 이때 주의할 것이 있다. 랜드마크를 쉽게 없어지는 것으로 정하면 곤란한 일이 발생한다. 헨젤과 그레텔이 집으로 돌아가는 길의 랜드마크로 빵 조각을 사용했는데, 숲속의 새들이 다 먹어 버리는 바람에 길을 잃었던 것을 생각하면 알 수 있을 것이다.

뜻 어떤 지역을 대표하거나 구별하게 하는 표지
순화어 상징물, 마루지

레트로(retro)

 내가 제일 좋아하는 아이돌 그룹이 방송에 나왔다. 옛날 감성을 되살렸다는 '레트로 오락실 게임'과 '레트로 댄스 대결' 코너가 진행되었다. 멤버들은 두 팀으로 나뉘어 1990년대에 유행했던 게임인 테트리스와 스노우맨에 도전하고, 테크노 댄스 등 예전에 유행했던 춤을 선보였다. 재미있게 보긴 했는데 갑자기 궁금해진다. '레트로'란 무엇이고, 왜 이런 걸 레트로 게임, 레트로 댄스라고 하는 거지?

 레트로는 추억을 의미하는 영어 단어 레트로스펙트(retrospect)를 줄인 말이다. 과거의 제도나 사상, 풍습으로 돌아가려고 하거나 그것을 좋아하는 것을 통틀어서 가리키는데, 복고풍이라고도 한다. 요즘 유행하는 레트로 스타일이 추구하는 과거는 1990년대이다. 온라인에서 가상 현실을 즐기는 첨단 게임이 널리 퍼져 있고, 그것을 즐길 수 있는 기술적 환경이 모두 갖춰져 있는데도, 테트리스 같은 옛날 게임을 다시 즐겨 찾는 것은 레트로 스타일의 유행 때문이라고 할 수 있다.

 과거의 것들이 유행이라고는 하지만 그렇다고 과거와 완전히 똑같은 것은 아니다. 1990년대 스타일에 2020년대의 감성을 더해 놓은 것이기 때문에, 요즘 유행하는 레트로 스타일은 1990년대의 스타일과는 조금 다르다. 오래된 것에 새롭고 재미있는 요소를 더해서 즐기는 이런 경향을 '뉴트로(newtro)'라고 한다. 새롭다는 뜻의 뉴(new)와 복고풍이라는 뜻의 레트로(retro)를 합쳐서 만든 말이다. 레트로가 과거를 그리워하면서 과거에 유행했던 것을 다시 꺼내 즐기는 것인데 비해, 뉴트로는 같은 과거의 것이지만 이걸 즐기는 계층에겐 신상품과 마찬가지로 새롭다는 의미를 담고 있다.

 그런데 왜 레트로를 찾고 뉴트로를 찾는 것일까? 살기 힘들고 팍팍해진 세상살이에 지친 사람들이 '그래도 옛날이 좋았지!'라고 생각하며 옛날을 그리워하고 있는 것은 아닐까?

뜻 과거의 사상이나 제도, 풍습 따위로 돌아가거나 그것을 본보기로 삼아 그대로 따라 하려는 것을 통틀어 이르는 말
순화어 복고풍

🔍 시지(CG: computer graphics)

　엄마가 괴물이 나오는 드라마를 보다가 우리나라 'CG' 기술이 엄청나게 발전했다며 연신 감탄을 하신다. 예전에는 저런 괴물이 텔레비전에 나오면 좀 웃겼는데 이제는 너무 자연스러워서 무섭기까지 하단다. 엄마가 어렸을 때 봤던 드라마의 괴물이 어땠기에 저렇게 감탄을 하는지 궁금해서, 예전에 엄마가 봤던 드라마 속 괴물을 찾아봤다. 세상에! 괴물은 괴물 같지 않고, 괴물과 드라마의 배경이 따로 놀고 있었다. 엄마의 감탄을 이해할 만했다.

　CG는 컴퓨터 그래픽(computer graphics)의 약자로, 컴퓨터 프로그램으로 만들어 낼 수 있는 그림을 통틀어서 말한다. 오늘날 CG는 영화뿐만 아니라 미술, 산업, 경제 등에서 많이 사용되고 있지만, 그중에서도 우리가 가장 많이 접하는 것은 영상을 볼 때일 것이다. 영화나 텔레비전, 게임 등에서 현실에서는 볼 수 없는 장면을 만날 때면 CG로 만들었구나 하고 생각하게 된다. CG는 상상 속 세상을 컴퓨터 프로그램으로 만들어 낸 그림이다. 그런데 우리는 화면을 보면서 마치 실제로 일어난 것처럼 착각할 때가 있다. 엄마가 괴물을 보면서 놀란 이유도 화면 속 괴물이 실제 살아 있는 것처럼 느껴졌기 때문이다.

  CG를 만드는 사람들은 화면을 보는 사람이 진짜라고 생각하도록 만들기 위해 노력한다. 화면에 보일 그 무엇을 현실과 구분하지 못하도록 만들기 위해 가장 먼저 필요한 것은 현실 세계를 관찰하는 일이다. 다음으로 관찰한 것을 해석하고 정리해서 컴퓨터로 그린다. 여기까지는 자료를 그림으로 만드는 단계로 누구나 할 수 있으며, 이를 도와주는 프로그램도 많다. 하지만 영화, 방송, 게임 등의 장면은 조금 더 복잡하다. 내가 만든 그림을 입체적으로 만들고 움직일 수 있도록 하는 부분은 컴퓨터 언어를 배워야만 가능하다. 거기에 과학 원리와 수학적 계산까지 들어가야 자연스럽게 움직이게 할 수 있다. 그러니까 CG는 컴퓨터로 만들어지는 종합 예술이라고 할 수 있다.

> **뜻** 컴퓨터를 이용해서 데이터를 도형 형태로 바꾸어 그림으로 출력하는 방법

🔍 오티티(OTT: over the top)

1980년대에 〈모래시계〉라는 드라마가 있었다. 수도권 최고 시청률이 60%가 넘을 정도로 어마어마한 인기를 끌었는데, 드라마 방영 시간에 맞춰 사람들이 서둘러 퇴근했기 때문에 '귀가 시계', '퇴근 시계'라는 별명이 붙을 정도였다. 〈모래시계〉가 방영되는 시간에는 수돗물 사용량이 확 줄었다는 얘기도 있다. 이 시간에는 샤워도 하지 않고 설거지도 하지 않고 드라마만 보았기 때문이다. 요즘에도 이런 드라마가 나올 수 있을까? 당연히 없다. 앞으로도 없을 것이다. 일단 제작되는 드라마의 수가 너무 많아졌다. 그리고 이제는 드라마 방영 시간에 맞춰 텔레비전 앞에 앉는 사람도 없다. 각자 원하는 시간에, 원하는 장소에서, 원하는 방식으로 영상을 즐길 수 있게 되었으니까. 드라마를 보기 위해 서둘러 귀가하는 일도, 샤워와 설거지를 미루고 텔레비전 앞에 모여 앉는 일도 이제는 생겨나지 않을 것이다. 'OTT'가 있으니까.

OTT라는 말이 낯설다면 넷플릭스나 왓챠, 티빙, 웨이브 등을 떠올려 보자. 이처럼 인터넷을 통해 드라마, 영화, 예능 등 각종 미디어 콘텐츠를 제공하는 인터넷 동영상 서비스를 OTT라고 한다. OTT는 '오버 더 톱(over the top)'의 약어인데, 이는 '셋톱 박스 너머'라는 뜻이다. 셋톱 박스란 위성 방송이나 인터넷 방송 등을 텔레비전으로 볼 때 그 외부 신호들을 텔레비전과 연결해 주는 장치를 말하니까, '셋톱 박스 너머'는 텔레비전과의 연결이 필요 없다는 의미를 담고 있다. 이제 우리는 인터넷만 연결된다면 컴퓨터나 스마트폰, 태블릿 피시 등 어떤 기기를 가지고도 영상을 즐길 수 있게 되었다.

OTT와 함께 알아 두면 좋은 것으로 '스트리밍(streaming)'이라는 말이 있다. 인터넷에서 데이터를 연속적으로 보내서 실시간으로 재생할 수 있도록 하는 서비스를 스트리밍 서비스라고 한다. OTT는 스트리밍 서비스를 바탕으로 한다.

뜻 인터넷으로 영화, 드라마, 방송 따위의 각종 미디어 콘텐츠를 제공하는 서비스
순화어 인터넷 동영상 서비스

인포그래픽(inforgraphic)

우리 동네를 소개하는 자료를 만들라는 수행 평가 과제를 받았다. 우리 동네가 어떻게 생겨났는지, 사람들이 많이 가는 곳은 어디인지, 또는 내가 좋아하는 장소는 어디인지 등과 같은 주제를 하나 정해야 한다. 그런 다음 주제에 맞는 자료를 찾고, 그 자료를 다른 사람이 보고 알 수 있게 그림과 글이 조화를 이루도록 만들라고 하셨다. 이 모든 내용은 A4 한 장에 작성해야 한다. 우리 동네의 어떤 부분을 소개할까 하면서 찾아보다가 인터넷에서 멋진 걸 발견했다. 우리나라 사람들이 가장 많이 가는 관광지 통계를 '인포그래픽'으로 정리한 자료를 만난 것이다. '우리나라 관광지 TOP5'라는 제목으로, 우리나라에서 사람들이 가장 많이 가는 관광지 5곳을 소개해 놓았다. 간단한 그림으로 각각의 관광지에 사람들이 1년에 몇 명이나 가는지, 특징은 무엇인지 설명해 놓은 것을 보니, 우리 동네 소개 수행 평가도 이렇게 만들면 좋겠다는 생각이 들었다.

  인포그래픽은 인포메이션 그래픽(information graphic)의 줄임말이다. 인포메이션은 정보라는 뜻이고, 그래픽은 '사진이나 도형 등 다양한 그림으로 표현한 작품'을 뜻한다. 그러니까 인포그래픽은 정보를 사진이나 도형 등 다양한 그림으로 표현한 것을 말한다. 오래전부터 사람들은 이해하기 쉽게 하려고 그래프, 그림 등에 정보를 담아 표현해 왔다. 다이어그램이나 수학적 그래프 등과 같은 형태가 대표적이다. 최근에는 대중 매체 등에 다양하게 이용되면서 인포그래픽이 더 널리 사용되고 있다. 신문, 방송에서는 일기 예보의 지도나 기호, 통계 도표 등에 인포그래픽을 다양하게 사용하고, 과학 분야나 교통 지도, 도로 표지판 등에도 인포그래픽이 사용된다. 복잡한 철도 혹은 지하철 노선도를 표현할 때 사용되기도 한다. 최근 들어 인포그래픽의 중요성이 더 커졌다. 새로운 지식이나 정보를 만들어 내는 것만큼이나 정보를 묶어서 정리하고 해석하는 일이 중요해졌기 때문이다. 그러니 인포그래픽을 만들 때 중요한 것은 적절한 정보를 수집하고, 그 정보를 해석하고 서로 연결하여 사람들이 보기 좋게 이미지로 만들어 내는 일이라는 것을 잊으면 안 된다.

뜻 디자인 요소를 활용하여 정보를 시각적인 이미지로 전달하는 것
순화어 정보 그림

🔍 캘리그래피(calligraphy)

　방과 후 수업으로 '캘리그래피' 수업을 듣기로 했다. 글씨를 쓸 때면 마음만 급하고 잘 써지지 않아서, 캘리그래피 수업을 들으면 예쁘게 필기할 수 있겠지 하는 기대에 수업을 신청했다. 하지만 첫 시간에 실망하고 말았다. 선생님께서 글씨 연습은 시키지 않고, 어떤 글을 어떻게 쓰고 싶은지 머릿속으로 그려 보라고 하셨다. 캘리그래피는 글씨에 마음을 담는 일이라고 하는데 무슨 뜻인지 잘 모르겠다.

　캘리그래피는 그리스어에서 유래된 말로 아름다운 필체라는 뜻을 가지고 있다. 우리나라의 붓으로 글씨를 쓰는 방법과 비슷하여 '서예'로 번역되기도 한다. 캘리그래피는 손으로 글자를 쓰는 것이 아니라, 글자에 의미를 담아 그림으로 그리는 일이라고 한다. 선생님의 설명을 듣고, 고민 끝에 좋아하는 친구에게 '사랑해'라는 글씨를 써 보기로 했다. '사랑해'라는 세 글자에 친구를 향한 내 우정과 믿음, 그리고 사랑이 나타나도록 하기 위해, '사랑해'라는 글자가 하트 모양이 되도록 썼다. 선생님이 잘 썼다고 칭찬해 주셨다.

  캘리그래피에 대해 알게 되니 가게나 텔레비전, 현수막 같은 곳의 글씨에도 캘리그래피의 흔적이 보인다. 캘리그래피 작가가 의뢰를 받아 글씨를 쓰면, 가게 간판이나 현수막의 글씨, 텔레비전 프로그램의 제목으로 만들어진다. 캘리그래피 작가가 손으로 쓴 것을 CG(computer graphics)로 가공하여 이미지나 영상으로 만들 수도 있다. 최근 캘리그래피 작가는 붓이 아니라 컴퓨터의 그림 그리는 도구로 글씨를 쓰기도 한다. 캘리그래피는 글의 의미에 맞추어 글씨와 함께 전체적인 모양을 작가가 해석해서 만든다. 그러니까 작가의 글씨는 그 자체로 하나의 작품이다. 게다가 보는 사람은 글이 전달하려는 것이 무엇인지 쉽게 파악할 수 있다. 캘리그래피 수업은 글씨 쓰기를 통해 내 마음을 잘 읽는 법까지 배울 수 있는 시간이 될 것 같다.

뜻 손 글씨를 이용하여 구현하는 시각 예술. 일반 글씨와 달리 상징적인 의미를 표현할 수 있으며, 글씨의 크기, 모양, 색상, 입체감으로 미적 가치를 높인다.
순화어 멋글씨

🔍 트레일러(trailer)

　3년 전에 아주 재미있게 보았던 영화의 후속편이 드디어 개봉한다고 한다. 벌써 가슴이 두근두근 뛰며 기다려진다. 친구에게 같이 보러 가자고 했더니, 친구가 '아~, 난 그 영화 트레일러 영상 봤어. 완전 재미있겠더라. 좋아, 같이 가자.'라고 말한다. 그런데 '트레일러' 영상은 뭐지? 내가 아는 트레일러는 아빠가 사고 싶어 하는, 자동차 뒤에 붙일 수 있는 캠핑용 트레일러 같은 거다. 그렇다면 친구가 말하는 트레일러 영상이란 뭘까?

　트레일러의 원래 의미는 내가 생각한 것이 맞다. 엔진이 있는 자동차 뒤에 연결하여 짐이나 사람을 실어 나를 수 있는 차량을 말한다. 자동차 뒤에 붙어 있는 짐칸이나 캠핑 트레일러 같은 것 말이다. 하지만 친구가 말한 트레일러 영상이란 영화의 주요 내용을 2~3분 정도로 줄여서 보여 주는 예고편을 말한다. 원래는 영화 상영이 끝난 뒤에 트레일러 영상을 보여 주던 것에서 시작된 말이다. 필름으로 영화를 상영하던 시기에는 필름이 끝나는 지점의 이미지와 소리를 보호하기 위해 필름 마지막 부분에 주요 내용을 담은 필름을 붙였다. 이 필름을 영화가 끝난 뒤에도 계속 보여 주었다. 이처럼 뒤에 붙어 있었기 때문에, 따라간다는 의미로 트레일러라고 이름 붙인 것이다.

요즘에는 사람들에게 영화를 널리 알리기 위해, 영화를 개봉하기 1~2달 전부터 트레일러 영상을 만들어 홍보한다. 트레일러와 비슷한 말로 '티저(teaser)'가 있다. 티저와 트레일러 모두 예고편으로서의 역할을 하지만 다른 점도 있다. 티저는 광고처럼 짧게 30초 내외로 만들어지며 주요 이미지만을 담는다. 영화에 관한 정보보다는 사람들의 호기심을 끄는 걸 중요하게 여긴다. 반면 트레일러는 2~3분 정도로 영화에 관한 전반적인 정보를 풍부하게 담는다. 영화에서 시작된 트레일러는 다른 분야에서도 사용된다. 새로운 게임 출시 전에 게임의 내용을 소개하는 트레일러를 만들어 게임을 홍보한다. 또 가수의 앨범 콘셉트를 소개하는 트레일러도 만들어지고 있다. 인쇄물의 대표 주자인 책을 홍보하기 위한 트레일러도 활발히 제작되고 있다.

뜻 홍보를 위한 짧은 동영상을 가리키는 것으로, 영화나 책에 대한 소개, 게임의 짧은 시연 등을 말한다.
순화어 예고편

🔍 홀로그램(hologram)

　오늘은 이번 달 용돈을 받았다. 한 달 동안 쓸 용돈을 한꺼번에 받았더니 만 원짜리 지폐가 생겼다. 만 원 지폐에는 세종 대왕이 그려져 있는데, 그 옆에는 은색으로 반짝이는 네모 모양도 보인다. 뭔가 보려고 얼굴을 가까이 가져갈 때마다 그림의 모양이 조금씩 바뀐다. 우리나라 지도로 보였다가, 숫자 10000으로 보이기도 하고, 네모 무늬들이 가득한 모양으로 보이기도 한다. '이게 뭐지?' 혼자 중얼거리는데, 친구가 옆에서 그것도 모르냐고, '홀로그램'이라고 하면서 핀잔을 준다. 홀로그램이 뭐야?

　홀로그램이란 홀로그래피 기술을 이용하여 만들어진 3차원 입체 사진을 말한다. 홀로그램은 그리스어에서 나온 말인데, 완전하다는 뜻의 홀로

(holo)와 그림이라는 뜻의 그램(gram)이 합쳐져서 만들어진 이름이다. 홀로그램은 눈의 착각을 이용해 그림이 실제처럼 보이게 한다. 빛을 저장한다는 의미에서 홀로그램은 사진과 같은 원리이지만, 사진은 물체의 밝고 어두운 모습만 기록하는 데 비해 홀로그램은 레이저를 통해 빛의 세기와 여러 정보를 저장해 대상을 입체적으로 보이게 한다.

내가 지폐에서 본 반짝이는 은색 그림이나 홀로그램 포토 카드, 신용 카드나 정품 인증 마크의 은색 그림도 홀로그램이다. 은색 그림이 햇빛에 반사되면 입체적인 색과 그림, 글씨가 나타난다. 이런 것들을 아날로그 홀로그램이라고 한다. 반면에 영상으로 볼 수 있는 입체적 건물이나 사람은 디지털 홀로그램이라 한다. 아날로그 홀로그램은 주로 복제를 방지하는 기술로 쓰이고, 디지털 홀로그램은 공연, 영상, 건물이나 물건 제작, 게임 등에 사용된다. 돌아가신 가수를 홀로그램으로 만들어 콘서트를 하거나, 놀이공원에서 레이저로 보여 주는 입체 쇼 등이 디지털 홀로그램이다.

홀로그램은 1862년 헨리 더크라는 사람이 처음 사용했다. 〈페퍼의 유령〉이라는 연극에서 공중에 뜬 유령을 보여 주기 위해 유리판을 이용하여 착시 효과를 만들었다. 홀로그램은 현장감과 몰입감, 사실감을 보여 주는 데 효과적인 기술이다. 지금도 많은 분야에서 사람들의 관심을 끌기 위해 홀로그램을 활용한 기술을 개발하고 있다.

뜻 홀로그래피 기술을 이용하여 만들어진 3차원 입체 사진
순화어 3차원 입체 사진

팬데믹

컨트롤 타워(control tower)
코로나 블루(corona blue)
코호트 격리(cohort isolation)
트래블 버블(travel bubble)
팬데믹(pandemic)

🔍 컨트롤 타워(control tower)

　코로나19로 세상이 어수선하다. 옆집 친구 아버지가 코로나에 확진되었는데, 치료를 위해 병원에 가야 하는지 그냥 집에서 치료받아야 하는지 잘 모르겠단다. 여기서는 병원에 가야 한다고 하고, 저기서는 그냥 집에서 치료받으면 된다고 한단다. 친구를 만나지도 못하고 전화로만 걱정을 들어주었다. 텔레비전을 보는데 정부 기관이 서로 다른 말을 한다고 비판하고, 아빠는 '컨트롤 타워'가 제대로 해야 한다고 하신다. 컨트롤 타워?

　컨트롤 타워란 기업이나 국가 등에서 우리 몸의 뇌와 같은 역할을 하는 사람이나 조직을 말한다. 뇌는 우리 몸의 일부이지만 명령하는 역할을 한다. 뇌의 명령에 따라 우리는 몸을 움직이고 행동을 조절한다. 이처럼 컨트롤 타워는 국가나 기업을 지휘하는 역할을 한다. 컨트롤 타워는 오케스트라의 지휘자와도 비슷하다. 오케스트라의 지휘자는 사용되는 악기나 단원의 수준, 음악의 내용을 알고 있는 상태에서 연주나 화음을 조절하는 역할을 한다. 컨트롤 타워가 되는 조직이나 사람도 자신이 관리하는 기관의 상태를 파악하여 조절하는 역할을 한다. 우리나라에서 코로나19 감염병에 대응하는 컨트롤 타워는 보건 복지부이다. 보건 복지부는 감염병이 발생하면 감염 예방법을 바탕으로 감염병 관리를 위해 노력한다. 감염병과 감염의 경로, 감염된 사람들의 상태 등을 파악하고 상황을 조절하고 통제하는 역할을 수행한다.

원래 컨트롤 타워는 관제탑을 의미했다. 관제탑은 비행장과 그 주변의 항공기 교통을 통제하고 관리하는 일을 하는데, 보통 공항 내에 탑처럼 세워져 있다. 비행기가 공항으로 들어오기 위해서는 관제탑의 허락이 있어야 한다. 우리나라에서는 어떤 일의 중심적인 역할을 하는 사람이나 조직을 가리키는 말로 컨트롤 타워를 많이 사용한다. 그러나 원래 영어에서는 컨트롤 타워가 관제탑의 의미로 많이 사용된다. 우리나라에서 사용하는 컨트롤 타워와 비슷한 의미로 영어권에서 사용하는 말로는 커맨드 센터(command center)가 있다.

뜻 일의 전체 과정에서 중심적인 역할을 하는 사람이나 조직
순화어 지휘 본부, 통제탑

🔍 코로나 블루(corona blue)

　코로나19가 전 세계적으로 크게 유행하면서 일상생활에서 마스크를 쓰는 것이 필수적인 일이 되었다. 코로나 감염 확산이 심해지거나 주변에 확진자가 발생하면, 마스크를 쓰고 외출하는 것마저도 어렵다. 이 때문에 하루 종일 집에 있는 날이 많아졌다. 움직이지 못하니 몸도 축축 처지고, 친한 친구 얼굴도 자주 볼 수 없어 외롭기도 하다. 혹시 이게 우울한 건가? 매스컴에서는 이런 감정을 '코로나 블루'라고 한다. 블루는 푸른색이란 뜻인데 무슨 관계일까?

　코로나의 전 세계적인 유행으로 우리는 일상에서 변화와 불안을 겪으며 살아가고 있다. 곧 예전처럼 괜찮아질 거라는 희망도 자꾸 멀어져 간다. 바꿀 수 없는 상황에 무기력해지고 우울감마저 밀려든다. 코로나 블루는 코로나19로 인해 생겨난 이런 감정을 가리키는 말이다. 영어에서 블루(blue)는 명사로는 파란색이란 뜻이지만, 형용사로는 '슬프거나 우울한 상태'를 가리킨다. 주말이 지나고 월요일을 맞이하기 전의 우울함을 표현하는 먼데이 블루(Monday blue)라는 말도 있다.

사람들은 코로나19 대유행으로 느끼는 여러 가지 감정을 색으로 표현했다. 우울감은 코로나 블루, 분노를 표출하면 코로나 레드, 절망감은 코로나 블랙이라고 이름 붙였다. 스트레스의 증가, 생활 환경의 변화, 사회적 고립감 등이 우울과 분노, 절망을 만들어 내는데, 이를 제대로 관리하지 않으면 우울한 감정은 우울증이라는 병이 될 수도 있다. 그러면 코로나로 인한 우울감이 우울증이 되지 않도록 하는 방법은 뭐가 있을까? 햇볕을 쬐면 세로토닌(뇌에서 나오는 행복을 느끼게 하는 물질)이 분비된다고 하니 산책을 많이 하는 것이 좋다. 운동이나 독서같이 내가 좋아하는 일을 찾아서 집중하면 우울함을 잊어버릴 수 있다. 매일 감사한 일을 찾아 구체적으로 기록하는 감사 일기도 도움이 된다.

뜻 코로나19 확산으로 일상에 큰 변화가 닥치면서 생긴 우울감이나 무기력증
순화어 코로나 우울

코호트 격리(cohort isolation)

코로나19가 한창 퍼지면서 일상이 엉망이 되었다. 어디 나가지도 못하고 친구들과 같이 놀 수도 없다. 아빠는 코로나에 걸려서 집에서 자가 격리 중이다. 방에서 꼼짝 못 하고 계신다. 나도 아빠를 피해 거실에서 텔레비전을 보고 있는데, 뉴스에서 '보건 당국은 해당 병원에 코호트 격리 조치를 내릴지 논의 중입니다.'라는 말이 흘러나온다. 그런데 '코호트 격리'는 또 뭐야?

코호트(cohort)라는 단어는 동일 집단이라는 말인데, 함께를 뜻하는 'co'와 뜰이라는 뜻의 'hors'가 합쳐진 말인 '코호스(cohors)'에서 유래되었다. 원래 코호스는 고대 로마 군대의 조직 단위를 일컫는 말로 뜰에서 함께 훈련 받는 사람들이란 뜻이었는데, 같은 시기를 살아가면서 공통된 행동 양식이나 특색을 가진 사람들의 모임이라는 뜻으로 바뀌면서 코호트가 동일 집단을 의미하는 말이 되었다.

코로나 검사에서 양성으로 나오면 코로나에 감염된 것이다. 코로나에 확진이 되면 감염이 되지 않은 사람과 격리되어야 한다. 격리란 감염병의 전파를 방지하기 위해 감염병 환자와 다른 사람을 분리하는 것을 말한다. 코호트 격리는 감염 등의 확산을 막기 위해 감염자가 많이 발생한 의료 기관이나 건물 등을, 환자뿐만 아니라 의료진까지 포함하여 통째로 봉쇄하여 치료하는 조치를 말한다. 격리가 되면 외출이 금지되고, 격리된 장소에서 나오지 못하는 사람들을 위해 음식과 생활용품이 배송된다. 환자의 경우에는 치료 약품도 지원된다. 또 격리 기간 동안 일을 하지 못해서 생긴 피해를 메우기 위해 일정 금액을 국가에서 보상한다. 이건 우리나라의 '감염병의 예방 및 관리에 관한 법률'에 따른 것이다. 이 법은 국민의 건강을 해치는 감염병의 발생과 유행을 방지하고, 예방 및 관리를 위해 만들어졌다.

뜻 감염 질환 등을 막기 위해 감염자가 발생한 의료 기관을 통째로 봉쇄하는 조치
순화어 동일 집단 격리

트래블 버블(travel bubble)

얼마 있으면 삼촌이 결혼을 한다. 삼촌은 코로나19 때문에 신혼여행을 국내로 갈 계획이었다. 그런데 얼마 전 '위드 코로나' 방침이 발표되었다. 위드 코로나는 '코로나와 함께 산다'는 의미로 '코로나 일상', 또는 '단계적 일상 회복'이라고도 불린다. 코로나가 길어지면서 피해를 최소화하며 일상을 회복하는 방향으로 가자는 움직임이다. 이로 인해 몇 가지 규칙만 지키면 다른 나라로 해외여행을 갈 수 있게 되었는데, 이를 '트래블 버블'이라고 한다.

여행이 가능한 나라는 우리나라와 트래블 버블을 체결한 나라다. 트래블 버블은 방역이 우수한 지역 사이에 안전한 공간을 형성하고 서로 여행을 허용하는 협약을 맺는 것을 말한다. 이 협약이 체결되면 2주 동안의 자가 격리가 면제되는 등 입국 제한 조치가 완화된다. 트래블 버블은 여행을 뜻하는 트래블(travel)과 비눗방울이라는 뜻의 버블(bubble)이 합쳐진 말로, 비눗방울 안에서는 자유롭게 움직이되 비눗방울 밖과는 왕래를 차단한다는 의미에서 나온 말이다. 그러니까 방역이 잘되어 위험이 덜한 나라끼리 보호막을 치고 쉽게 오갈 수 있도록 한다는 뜻이다. 하지만 협약을 맺었다고 해서 비행기 표만 있으면 여행을 갈 수 있는 것은 아니다. 나라마다 조금씩 다르지만 출국을 하기 위해서는 예방 접종 증명서와 출국 3일 이내 코로나 검사 음성 확인서가 있어야 한다. 출국 후에는 예방 접종 증명서를 확인할 뿐만 아니라 검사도 실시한다. 여행 중에도 방역 전담 관리사가 관광객 교육과 열 발생 여부 등을 주기적으로 확인한다.

싱가포르와 대만, 태국, 괌, 사이판 등의 나라가 이에 해당되는데, 삼촌과 예비 숙모님이 고민이 많다. 조금 복잡하지만 해외로 신혼여행을 갈 것인지 아니면 국내 신혼여행을 할 것인지를 두고, 주변 어른들의 생각이 맞서고 있어 말도 많고 정신도 없다.

뜻 코로나19 상황에서 감염 안전국에 해당하는 국가들이 협약을 맺고 격리 조치 없이 서로 여행을 허용하는 것
순화어 여행 안전 구역, 비격리 여행 권역

팬데믹(pandemic)

아침에 일어나 학교 갈 준비를 한다. 밥을 먹고 양치를 한 뒤에 옷을 입고 가방을 든다. 이제 학교로 출발한다. 그런데 현관을 나서다가 아차! 집에서 나오기 전 마스크 쓰는 걸 깜빡했다. 잽싸게 다시 들어가 마스크를 쓴다. 이러다가 지각하겠는데! 코로나19 '팬데믹' 이후 마스크를 쓰는 것은 이제 당연한 일이 되었다. 2019년 시작된 코로나19는 전 세계 곳곳으로 퍼져 나갔다. 처음에는 몇몇 지역에 불과했던 것이 점차 넓게 퍼졌고, 거의 모든 나라가 코로나19로 힘든 생활을 해야 했다.

팬데믹이란 감염병이 전 세계적으로 크게 유행하는 사태를 말하며, 우리말로는 '감염병의 세계적 유행'이라고 할 수 있다. 또한 세계 보건 기구

(WHO)에서 선포하는 것으로 감염병의 최고 경고 등급을 나타내기도 한다. 세계 보건 기구에서는 감염병을 총 6단계로 나누고 있다. 1단계는 동물에 한정된 감염 상태, 2단계는 동물 사이의 감염을 넘어 소수의 사람에게 감염된 상태, 3단계는 사람들 사이에 감염이 증가한 상태, 4단계는 사람들 간 감염이 급속히 확산되며 세계적 유행병 발생 초기 단계, 5단계는 최소 2개국에서 병이 유행하는 상태를 가리킨다. 팬데믹은 마지막 6단계로 다른 대륙의 국가까지 추가 감염된 상태를 가리킨다.

팬데믹과 비슷한 말로 에피데믹과 엔데믹이 있다. 에피데믹(epidemic, 감염병 유행)은 팬데믹처럼 대륙을 넘나들 정도는 아니지만 비교적 넓은 지역에 퍼진 감염병을 말하고, 엔데믹(endemic, 감염병 주기적 유행)은 특정 지역의 주민들 사이에서 주기적으로 발생하는 감염병을 말한다. 사람들의 이동이 적고 도시화가 되기 이전에는 엔데믹이 많았다. 하지만 현대에는 나라 사이의 이동도 많아지고, 인구가 많아지면서 밀집도(한 공간에 빽빽하게 모여 있는 정도)도 높아졌다. 이로 인해 감염병의 확산 속도가 빨라지고 대륙 간 이동도 많아졌다. 전염력이 강한 바이러스로 인한 팬데믹 상황은 코로나19 이후에도 계속 일어날 수 있다고 전문가들은 경고한다.

뜻 감염병이 전 세계적으로 크게 유행하는 현상
순화어 (감염병) 세계적 유행

生活

넛지(nudge)
뇌피셜(腦-official)
드라이브스루(drive-through)
로컬 푸드(local food)
롤 모델(role model)
루틴(routine)
리콜(recall)
리터러시(literacy)
밀키트(meal kit)
브이로그(vlog)
셀럽(celeb)
소셜 커머스(social commerce)
소확행
스몰 액션(small action)
언박싱(unboxing)
워라밸(work-life balance)
인플루언서(influencer)
제노포비아(xenophobia)
플로깅(plogging)
해시태그(hashtag)

🔍 넛지(nudge)

　동네 대형 마트에 피아노 건반처럼 생긴 계단이 생겼다. 걸어서 올라가면 음악이 흘러나온다. 예전에 건강을 위해 에스컬레이터 대신 계단을 이용하라고 해도 말을 듣지 않던 동생이 시키지도 않았는데 계단으로 올라간다. 이를 본 아빠가 한마디 하신다.
　"이런 게 바로 '넛지' 효과라고!"

　넛지? 넛지는 '팔꿈치로 슬쩍 찌른다'는 의미를 갖고 있는 단어이다. 이렇게 저렇게 하라고 지시하거나 강요하는 것이 아니라, 슬며시 자기도 모르게 그렇게 하도록 어떤 방향으로 유도하는 것을 넛지라고 한다. 이와 관련한 재미있는 이야기가 있다. 공중화장실 청소에서 골칫거리 중 하나는 남자들이 오줌을 소변기 밖으로 흘리는 일이 많다는 것이다. 아무리 깨끗이 청소해 놓아도 자꾸만 흘리니 금방 더러워진다. '한 걸음만 앞으로'라고 써 붙여 놓아도, '남자가 흘리지 말아야 할 것은 눈물만이 아니다'(여기서 잠깐! 남자라고 울면 안 된다는 법은 없다!)라는 말을 써 놓아도 소용이 없다. 어떻게 해야 남자들이 정확히 조준하도록 만들 것인가? 네덜란드의 한 공항에서 그 일을 해냈다. 간단한 해결책이었는데 효과는 놀랍도록 좋았다. 어떤 방법이었을까? 남자 화장실 소변기에 파리 스티커를 붙였다. 무심코 볼일을 보다가, 앗, 저기 파리가 있네. 그렇다면? 자기도 모르게 파리를 조준하게 되고, 그 결과 화장실이 깔끔하게 유지되었다는 이야기다. 노벨 경제학상을 받은 리처드 탈러라는 경제학자가 이 현상에 넛지라는 이름을 붙였다고 한다.

세상에는 피아노 계단이나 화장실 말고도 넛지를 활용한 것이 많다. 쓰레기통 위에 농구 골대 같은 그물을 설치했더니, 쓰레기를 골대에 넣고 싶은 마음에 정확히 던져서 쓰레기통 주변이 깨끗해졌다. 아침 운동을 빼먹지 않으려고 잠들기 전에 운동복을 잘 보이는 곳에 꺼내 놓는 것도 일종의 넛지 효과를 이용한 것이다. 운동복이 옷장 속에 있을 때보다 운동할 확률이 높아진다.

뜻 강압하지 않고 부드러운 개입으로 사람들이 더 좋은 선택을 할 수 있도록 유도하는 방법

뇌피셜(腦-official)

"내일 우리 학교 단축 수업이래. 오전 수업만 하고 집에 간다는데." 이런 말을 들었을 때, '와! 신난다!'라고 말하는 친구도 있겠지만, '정말? 진짜야?' 하고 되묻는 친구도 있을 것이다. 조금 더 침착하고 분석적인 친구라면 이런 질문을 할 수도 있다. "그 얘기 어디서 들었어?" 이때 나오는 대답이 '아까 우리 담임 선생님이랑 옆 반 담임 선생님이 하는 얘기를 들었어.'라면 믿음이 갈 것이다. 하지만 '옆 반 애들이 그러는 것 같던데.'라면 바로 이런 물음이 뒤따를 것이다. "그거 뇌피셜 아니야?"

인터넷에서 흔히 볼 수 있고 우리가 자주 쓰기도 하는 '뇌피셜'이라는 말은 머리, 두뇌를 뜻하는 뇌와 공식 입장이라는 뜻의 오피셜(official)이 만나 이루어진 말이다. 책임 있는 기관에서 밝힌 공식 입장인 오피셜과 달리, 객관적인 근거 없이 자기 머리에서 나온 생각을 뇌피셜이라고 한다. 자기 뇌, 즉 자기 머릿속에 있는 생각이 근거라는 말이니, 실제로는 제대로 된 근거도 없이 자기 혼자만의 생각을 펼치는 사람의 주장일 뿐이라는 것이다. 뇌피셜과 유사한 용어로는 '지피셜'이라는 것이 있다. 아는 사람이라는 뜻의 지인과 오피셜이 합쳐진 말로, 내가 아는 사람에게 들었다는 것인데 근거가 빈약한 주장이라는 점에서 뇌피셜과 큰 차이는 없다.

어떤 정보나 주장을 나왔을 때, 그 얘기가 어디서 나왔는지를 확인하는 것은 정말 중요하다. 요즘같이 가짜 뉴스가 판치는 세상에서는 특히 더 중요한 문제이다. 이때 어떤 정보가 공식적인 입장이라면 정보에 대한 믿음은 커진다. 예를 들면 마스크를 언제까지 써야 할까에 대한 정보라면 질병관리청의 공식 입장이 제일 중요할 것이고, 내일 단축 수업을 할지 안 할지는 학교에서 가정 통신문 등으로 안내하는 공식 입장이 제일 정확할 것이다. 내가 좋아하는 프로 축구 선수가 어느 구단으로 이적하는지에 대해 이런저런 소문이 난무할 때도 가장 정확한 것은 구단 혹은 그 선수가 발표하는 공식 입장이다. 이런 공식 입장을 영어로 오피셜(official)이라고 한다.

뜻 주로 인터넷상에서 객관적인 근거 없이 자신의 생각만을 근거로 한 추측이나 주장을 이르는 말

🔍 드라이브스루(drive-through)

　오늘은 우리 가족이 캠핑을 떠나는 날이다. 아침부터 부모님은 짐을 싸느라 정신이 없다. 나도 한쪽에서 캠핑장에 가서 놀거리를 챙겼다. 막 출발을 하고 나니 슬슬 배가 고프다. 다들 빨리 캠핑장으로 가고 싶은 마음에 밥은 가는 길에 먹기로 했다. 뭘 먹을까 고민하다가 햄버거와 사이다, 감자튀김, 커피를 '드라이브스루'로 사서 차에서 먹기로 했다.

　드라이브(drive)는 자동차를 타고 가는 것을 말하고, 스루(through)는 '~을 통해, ~사이로'라는 뜻의 영어 단어다. 두 단어가 합쳐져 차에 탄 채로 이용할 수 있는 가게를 지칭하는 말이 되었다. 'drive-through'가 너무 길어서, 'drive-thru'로 쓰는 경우가 더 많다. 우리가 가는 햄버거 가게 앞 기둥에도 'drive thru'라고 표시되어 있었다. 드라이브스루 가게를 이용하면 자동차에서 내리지 않고 자동차에 탄 채로 지나가면서 물건을 살 수 있다. 자동차를 주차장에 세우고 걸어서 물건을 사러 가면 시간이 많이 걸린다. 드라이브스루는 시간도 절약하고, 자기 차에 앉아서 볼일을 볼 수 있도록 하여 가게를 이용하는 사람에게 편리함을 제공한다. 드라이브스루 덕분에 자동차를 이용하는 사람은 더 편하게 장을 보거나, 은행 업무, 음식 주문 등을 할 수 있게 되었다.

코로나19로 사회적 거리 두기를 한 이후, 뉴스에 드라이브스루라는 말이 자주 등장했다. 드라이브스루 선별 진료소도 생겼다. 차에 탄 상태에서 접수, 문진, 체온 측정, 검사를 순서대로 할 수 있다. 드라이브스루로 하게 되면 검사를 하는 사람도 검사를 받는 사람도 바이러스에 전염될 위험이 조금 줄어든다.

최근 우리 집도 드라이브스루로 물건을 사는 일이 늘었다. 코로나19 때문에 식당에서 식사하는 일이 줄어든 대신, 배달을 시키거나 드라이브스루로 음식을 사서 집에서 먹는 일이 늘었다. 식당에서 먹는 것과 집에서 먹는 것은 다르지만, 그래도 햄버거, 사이다, 감자튀김은 여전히 맛있다. 차 안에서 햄버거 먹으며 캠핑장으로 출발하니 슬슬 여행 기분이 난다.

뜻 자동차에 탄 채로 쇼핑할 수 있는 상점. 주차장의 티켓 판매소, 책방, 레스토랑, 금융 기관 등이 있다.
순화어 승차 구매점

로컬 푸드(local food)

우리 집은 주말에 고기 파티를 자주 연다. 고기 파티에 쓸 야채와 고기 등의 재료는 집 근처의 '로컬 푸드' 매장에서 산다. 버섯과 상추는 옆집 사는 아저씨가 무농약으로 재배하신 것이고, 고기는 친구 부모님이 하는 양돈장에서 판매하는 것이다. 고기가 불판에 올라가면서 퍼지는 향이 벌써부터 침샘을 자극한다.

로컬 푸드는 지역을 뜻하는 로컬(local)과 음식을 뜻하는 푸드(food)가 합쳐져 생긴 말로, 지역 먹거리란 뜻이다. 판매처 반경 50km 이내에서 생산된 지역 농산물을 가리키며, 거리가 가깝기 때문에 여러 단계의 유통 과정을 거치지 않는다. 우리 집에서 50km 이내라고 하면 차로 30~40분 정도 거리다. 로컬 푸드 매장은 말 그대로 로컬 푸드를 판매하는 가게이다.

먹거리가 우리 집에 오기까지 보통 여러 단계를 거친다. 우선 각 지역에서 길러진 먹거리를 지역 상인이 구입하고, 이를 좀 더 큰 규모의 상인에게 넘긴다. 이런 과정을 몇 차례 걸친 뒤에 먹거리가 우리 집 근처의 마트에 도착한다. 우리는 이렇게 돌고 돌아온 먹거리를 마트에서 사 먹는다. 이 모든 과정을 유통이라 한다. 교통수단이 발달하고 보관이 가능해지면서 멀리 있는 먹거리도 유통하기 시작했다. 장거리 유통이 가능해지면서 사람들은 새로운 먹거리를 먹을 수 있었고, 기르는 사람은 예전보다 많이 팔 수 있었다. 하지만 좋다고 생각했던 장거리 유통에서 문제점이 나타나기 시작했다. 유통 과정을 거치는 동안 먹거리의 신선함은 사라지고, 단계가 많아지면서 가격은 올라갔다. 이 때문에 가까운 땅에서 자란 신선한 먹거리를 추가되는 유통 비용 없이 싸게 먹자는 생각을 하게 되었다.

우리나라에서는 2008년 전북 완주에서 처음 로컬 푸드 운동이 시작되었다. 이후로 곳곳에서 로컬 푸드 운동을 시작하였고 이용률도 증가하고 있다. 최근에는 대형 마트에서도 로컬 푸드를 직거래로 공급하기 시작했다. 로컬 푸드를 먹으면 내가 사는 지역의 경제를 살릴 수 있다. 또 유통을 위해 차가 멀리까지 가는 일이 줄고, 보관을 위해 냉난방을 하지 않아도 되어 환경 보호도 된다. 게다가 신선한 먹거리도 먹을 수 있다.

뜻 장거리 운송 과정을 거치지 않은, 그 지역에서 생산된 농산물
순화어 지역 먹거리

롤 모델(role model)

온 가족이 함께 텔레비전 예능 프로그램을 보고 있는데 갑자기 엄마가 이런 말씀을 하셨다. "저 배우가 내 롤 모델이야." 그러고는 그 배우의 훌륭한 점, 따라 배우고 싶은 점을 줄줄이 이야기하시는 게 아닌가! 그러면서 저 배우처럼 멋지게 나이 들고 싶다고 결론을 내리셨다. 그러자 아빠도 아빠의 '롤 모델'은 개그맨 최성실이라며, 그의 성실함과 노력하는 자세에 대해 길게 이야기를 하셨다.

아마 다들 눈치챘을 것이다. 롤 모델이라는 건 따라 배우고 싶은 사람을 말한다. 롤(role)은 역할이라는 뜻을 갖고 있는 단어이니, 롤 모델은 역할 모델이라고 할 수 있다. 즉 역할의 본보기가 된다는 뜻이다. 사람은 아무것도 모르는 상태로 태어나 많은 것을 배우며 성장하는 존재이다. 그런데 배우는 방법은 여러 가지이다. '지구는 태양 주위를 돌고, 달은 지구 주위를 돈다.'는 식으로 말로 하는 설명을 통해 배우기도 하고, 다른 사람이 하는 행동을 보고 배우기도 한다. 다른 사람의 행동을 보고 어떻게 배우냐고? 엄마가 달걀로 요리하는 것을 보고 나도 같은 방법으로 요리를 하게 되었다든지, 선생님의 칠판 글씨를 계속 보면서 필기를 하다 보니 나도 모르게 선생님과 글씨체가 비슷해졌다든지 하는 경우가 여기에 해당할 것이다.

어떤 사람으로부터 한두 가지를 따라 배우는 정도가 아니라, 그 사람으로부터 많은 것을 보고 배우며 아예 그 사람처럼 살고 싶은 마음이 생겼다면? 이 경우에 많은 것을 따라 배우고 싶은 바로 그 사람이 나의 롤 모델이 된다. 롤 모델은 멀리 있는 유명인일 수도 있지만, 내 곁에 있는 친구나 부모님, 선생님일 수도 있다.

그런데 우리 주변에 좋은 사람만 있는 것은 아니다. 나는 절대로 저런 사람처럼 되지 말아야지 하고 다짐하게 만드는 사람도 있다. 그런 사람은 롤 모델이 아니라 '반면교사'라고 부른다.

뜻 자기가 해야 할 일이나 임무 따위에서 본받을 만하거나 모범이 되는 대상
순화어 본보기, 본보기상

🔍 루틴(routine)

지금은 방송인으로 더 유명한 서장훈 선수가 텔레비전 쇼에서 이런 이야기를 한다. "저는 현역 농구 선수 시절 자유투를 던지기 전에는 공을 꼭 5번 튀겼고, 농구화를 신을 때 끈은 꼭 왼쪽부터 맸어요. 그게 저만의 루틴이에요." 이런 식으로 경기 전이나 경기 중에 어떤 행동을 반복하는 것이 서장훈 선수만의 이야기는 아닐 것이다. 운동선수들은 대체로 이렇게 습관적으로 하는 동작이나 행동들이 있는데, 이를 '루틴'이라고 한다.

왜 운동선수들은 이렇게 반복적인 행동을 할까? 학교 운동회에서 100미터 달리기 시합에 출전했다고 상상해 보자. 출발선에 서기 전부터 배가 아프기도 하고, 다리가 후들거리기도 하고, 가슴이 너무 콩닥거려서 숨쉬기가 곤란한 지경이 되기도 한다. 적당한 긴장은 달리는 데 도움이 되지만 지나친 긴장은 도움이 되지 않는다. 온몸이 뻣뻣하게 굳어 버릴 수도 있고, 아픈 배를 움켜쥐고 화장실로 달려가느라 아예 시합에 참가하지 못할 수도 있다. 운동선수들이라고 다를까? 전 세계에 팬들을 거느린 스포츠 스타들도 경기 전에 긴장되는 것은 어쩔 수 없을 것이다. 하지만 그들은 어쩌다 운동회에 참가한 초등학생이 아니라 운동을 직업으로 하는 선수들이다. 모두 자기 나름의 긴장 관리 방법을 가지고 있는데, 루틴 즉 일정한 행동을 반복하는 것이 긴장을 줄여 주는 데 큰 도움이 된다고 한다.

 그럼 우리도 이런 원리를 이용할 수 있지 않을까? 공부를 시작하기 전에 물을 한 잔 마시고, 책상을 다다다다다 다섯 번 두드리고, 연필 두 자루와 지우개를 책상 위에 줄을 맞춰 올려 두는 식으로 말이다. 이렇게 하면 물 마시고 책상 두드리고 연필과 지우개의 줄을 맞추면서 '이제 공부할 시간이 되었구나.' 하고 내 몸과 마음이 저절로 준비되는 순간이 올 것이다. 근데 주의할 것은 루틴이 너무 복잡하면 안 된다는 것이다. 공부 전에 물구나무 한 번 서고, 피자 한 판 먹고, 샤워하고 머리 감고, 게임 세판 하고….

뜻 운동선수들이 최고의 운동 수행 능력을 발휘하기 위하여 습관적으로 하는 동작이나 절차
순화어 일상, 반복적 일상, 반복연산

리콜(recall)

인터넷 쇼핑을 좋아하는 아빠가 또 사고를 쳤다. 엄마와 상의도 하지 않고 의자를 산 것이다. 잔뜩 화가 난 엄마! 그런데 또 문제가 생겼다. 라이브 커머스(live commerce; 실시간 동영상 방송 판매)로 산 의자에 문제가 있다는 것이다. 어쩐지 처음 조립할 때부터 아빠가 낑낑대더니, 연결 부분에 문제가 생겨 판매한 의자를 모두 '리콜'한다고 한다. 엄마는 '잘 보고 사야지, 이게 뭐냐?'라고 하며 불평을 하고, 아빠는 '이럴 줄 누가 알았겠느냐?'며 억울해하신다.

리콜이란 상품에 결함이 생겼을 때, 기업에서 상품을 가져가 점검, 교환, 수리해 주는 것을 말한다. 물건을 만들어 파는 회사는 결함이 없이 완벽하게 만들려고 한다. 그래서 판매하기 전에 검사하고 확인도 하지만 아빠가 산 의자처럼 문제가 생길 수 있다. 그럴 경우에 회사는 이용자가 제대로 사용할 수 있도록 점검과 수리를 해 줘야 한다. 만약 수리가 불가능하다면 새 제품으로 교환해 줘야 한다. 이처럼 구입한 사람이 피해를 입지 않도록 보호하기 위해 법으로 리콜 제도가 만들어졌다. 우리나라에서는 1991년 자동차에 관한 리콜 제도가 처음 시작이었다. 리콜은 사람의 목숨과 직결되는 제품부터 법으로 규정되었고, 어떤 물건이든지 구입한 사람이 안심하고 사용할 수 있도록 점점 범위가 넓어지고 있다.

 제품에 위험한 문제가 있을 경우에 국가는 바로 리콜을 시행하도록 명령한다. 그렇지 않을 경우에는 기업이 자발적으로 리콜을 하도록 권고한다. 리콜 권고 제도에 따르면 물건에 문제가 있다고 판단되면 정부가 기업에 자발적으로 리콜을 하도록 권고하고, 기업은 7일 이내에 리콜 계획을 정부에 제출해야 한다. 그리고 제출한 계획에 따라 제품을 점검, 수리, 교환해 주어야 한다. 만약 그렇게 하지 않으면 법에 따라 벌을 받게 된다. 리콜은 물건을 사는 우리의 안전과 편리를 위한 고마운 제도다. 이렇게 법적으로 정해져 있으니 아빠가 산 의자도 곧 새 것으로 바뀌어 돌아올 것이다.

뜻 어떤 상품에 결함이 있을 때 생산 기업에서 그 상품을 회수하여 점검, 교환, 수리하여 주는 제도
순화어 결함 보상

🔍 리터러시(literacy)

　새 학기부터 '한 학기 한 권 읽기'로 《샬롯의 거미줄》이라는 책을 읽는다고 한다. 그런데 책을 수업 시간에 읽지 않고, 미리 읽어 오라고 한다. 그럼 그 시간에는 뭘 하는 걸까? 선생님이 무려 10장이나 되는 학습지를 나눠 주신다. 옆에 책을 두고 10장의 학습지를 조금씩 친구들과 함께 적어 내려갔다. 어떤 질문은 책에 나와 있는 그대로 적으면 되는 내용이라 혼자 할 수 있지만, 뒤로 갈수록 생각할 거리가 있는 질문이다. 어떤 질문은 친구와 토론을 하고 내 생각을 적도록 되어 있다. 책과 학습지를 바탕으로 《샬롯의 거미줄》을 한 학기 동안 읽었다. 책을 읽고, 친구와 생각을 나누고, 그런 내용을 정리해서 쓰는 과정을 거치고 나니, 생각이 한 뼘은 자란 기분이다.

글을 읽고 이해하고 쓸 수 있는 능력을 '리터러시'라고 한다. 영어 리터러시(literacy)는 우리 말로는 '문해력'이라고 한다. 말 그대로 문자(글자)를 해석하는 힘이다. 이 말은 아주 예전부터 쓰였는데 최근에 생긴 말처럼 들린다. 바로 '미디어 리터러시'라는 말 때문이다. 유튜브, 틱톡, SNS, 넷플릭스, 인터넷 뉴스 등 미디어(정보를 전달하는 매체)의 종류가 예전에 비해 엄청나게 많아졌다. 미디어 리터러시는 이런 미디어가 전하는 내용을 이해하는 능력을 말한다. 가짜 뉴스가 문제라는 이야기를 들어 봤을 것이다. 엄청난 양의 자료가 미디어에서 쏟아지는데, 어떤 말이 맞고 어떤 말이 잘못된 것인지 이해하는 능력이 필요하다. 미디어 리터러시의 시작은 나에게 맞는 자료를 찾는 것에서부터 시작된다. 여러 자료 중에서 진실된 정보를 담고 있는 자료를 고르고, 그 자료를 이해하는 힘도 갖추어야 한다. 그걸 바탕으로 새로운 정보를 만들어 낼 수도 있다.

리터러시가 책을 읽고 이해하고 친구들과 의견을 교환하고 그 과정에서 나의 의견을 정리해서 글을 쓰는 능력이라면, 미디어 리터러시도 읽고 이해하고 정리한다는 점에서는 비슷하다. 다만 책은 글자로, 미디어는 영상과 이미지로 정보를 전달하므로 그에 대한 공부가 필요하다. 앞으로 책, 미디어 외에 또 어떤 정보 전달 방식이 등장할지 모른다. 그럴 땐 두려워할 필요가 없다. 기본을 알고 있으면 응용은 쉽다. 일단 찾아보고 잘 모르면 물어보고, 차근차근 정리하다 보면 키가 자라듯 리터러시도 자란다.

뜻 기록을 통해 지식과 정보를 획득하고 이해할 수 있는 능력
순화어 문해력

🔍 밀키트(meal kit)

　오늘은 토요일, 아빠가 자신 있게 식사 당번을 하겠다고 하셨다. 침대에 누워 주방에서 뚝딱거리는 소리를 듣고 있는데, 방 안으로 들어오는 냄새가 어딘가 익숙하다. 주방으로 가 봤더니, 아빠가 냄비 속의 붉은색 국물을 휘휘 저으며 채소를 넣고 있다. 점점 냄새가 짙어진다. 바로 마라탕이다. 친구 집에 가서 한번 먹어 봤는데, 맛있어서 또 먹고 싶다 했더니 마라탕 '밀키트'를 구입하신 것이다. 냄비 옆에는 재료들이 들어 있는 큼지막한 플라스틱 통이 보인다. 통에는 '마라탕'이라는 글자와 함께 난이도 별 두 개가 표시되어 있다. 조리 시간은 15~20분. 벽에는 요리 순서가 적힌 종이가 붙어 있다. 또 조리대 밑에는 냄비에 들어간 재료들이 들어 있던 비닐봉지 몇 개가 놓여 있다.

밀키트는 식사를 뜻하는 밀(meal)과 조립용품 세트를 의미하는 키트(kit)가 합쳐진 말로, 어떤 음식을 만들어서 먹을 수 있도록 포장되어 판매되는 제품을 말한다. 레고 장난감 키트 박스를 열면 조립 순서가 적혀 있는 설명서와 조립할 수 있는 레고가 들어 있는 것처럼, 밀키트에도 요리 순서가 적혀 있는 설명서와 그 요리에 필요한 재료가 맞춤으로 들어 있다. 밀키트는 조리된 상태로 오래 보관할 수 있도록 만든 레토르트 식품보다 더 신선하다는 게 장점이다. 또 바로 요리할 수 있도록 재료가 손질되어 있어 시간도 절약된다. 1인분이나 2인분 같은 단위로 키트가 나오기 때문에 음식물 쓰레기를 줄이는 효과도 있다. 하지만 밀키트를 포장할 때 쓰이는 비닐과 플라스틱, 신선하게 보관하기 위해 사용되는 보냉 제품 쓰레기의 처리는 문제이다.

밀키트는 2007년 스웨덴에서 시작되었으며, 우리나라에서도 식품업체의 배달 사업으로 시작되었다. 처음에는 1인 가구나 맞벌이 가구의 식사를 예상하고 만들었지만, 지금은 구입하는 사람이나 이유가 다양해졌다. 가족 모임이나 파티, 여행, 캠핑 등을 할 때, 각종 양념과 식재료를 구입하는 대신 밀키트를 준비하는 경우가 많다. 밀키트를 원하는 사람이 많아지면서 식품업체의 배달뿐만 아니라 반찬 가게, 대형 마트, 시장, 음식점 등 판매하는 곳도 점점 많아지고 있다.

뜻 요리에 필요한 손질된 식재료와 딱 맞는 양의 양념, 조리법을 세트로 구성해 제공하는 제품
순화어 바로 요리 세트

🔍 브이로그(vlog)

　한때 몰래카메라라는 것이 유행했었다. 어떤 사람의 행동을 몰래 설치해 놓은 카메라로 찍어서 보여 주는 텔레비전 프로그램이었는데, 사람들이 당황할 만한 설정을 미리 해 놓은 뒤 그 반응을 찍는 것이어서 사람들의 다양한 반응을 지켜보는 것이 재미였다. 이 영상을 대중에게 공개하기 위해서 영상에 찍힌 사람들에게 먼저 허락을 받는 절차를 거치기는 했겠지만, 이게 과연 괜찮은 행동인가에 대해 사람들의 생각이 엇갈리기 시작하면서 몰래카메라의 유행은 잦아들었다.

　요즘은 '브이로그'라는 것이 유행이다. 브이로그는 몰래카메라와는 좀 다른 것으로, 그냥 자신의 평범한 일상을 영상에 담아 게시하는 것이다.

일종의 영상 일기 같은 것이어서 특별한 일이 일어나는 것도 아닌데 사람들은 브이로그에 큰 관심을 보인다. 어떤 사람은 커피 전문점에서 일하는 자신의 모습을 영상에 담아 올리기도 하고, 어떤 사람은 자기가 공부하는 모습을 영상에 담아 올리기도 한다. 그냥 혼자서 먹고 있는 모습을 찍어 올린 영상도 있다. 어쨌든 평범한 일상이 담겨 있다는 것이 브이로그의 특징이다.

근데 왜 이런 걸 브이로그라고 부를까? 브이로그는 동영상을 뜻하는 비디오(video)의 머리글자 'v'와 기록을 뜻하는 영어 로그(log)가 합쳐져서 생겨난 말이다. 개인 블로그에 일기를 쓰듯이 자신의 일상을 영상에 담아 기록하는 영상 일기라고 할 수 있다. 원래의 말뜻을 그대로 따르자면 모든 영상 기록이 브이로그가 될 수 있을 것이다. 하지만 브이로그라는 말은 처음 사용될 때부터 일상을 기록한 영상이라는 의미로 축소되어 사용되었고, 지금까지 쭉 그런 의미로 사용되고 있다.

그런데 궁금하다. 왜 이런 영상에 사람들의 관심이 몰릴까? 여기에 대해서는 다양한 대답이 나올 수 있겠지만, 유명한 사람들의 특별한 일상 말고, 나와 비슷한 삶을 사는 보통 사람들의 일상도 궁금해하는 사람들이 그만큼 많다는 것이 아닐까?

뜻 자신의 일상을 직접 찍은 동영상 콘텐츠. 이것을 개인 블로그나 SNS, 동영상 스트리밍 사이트 등에 올린다.
순화어 영상 일기

🔍 셀럽(celeb)

지난 일요일에 파주에 있는 브런치 카페로 가족 나들이를 했다. 맛있는 것도 먹고 예쁜 사진도 찍고 재미있게 놀다 왔는데, 엄마 아빠가 이 카페를 어떻게 알게 되었는지 갑자기 궁금해졌다. 엄마에게 물어보니 아빠가 구독하는 유튜브 채널에 이 카페를 소개하는 영상이 올라와 있어 그걸 보고 알았다고 한다. '셀럽'이 소개하는 카페이니 믿을 만한 것 같아서 가족 나들이 장소로 골랐다는 것이다. 역시 셀럽이 추천한 곳이라 그런가 멋진 것 같다.

셀럽은 유명인을 뜻하는 영어 단어 셀러브리티(celebrity)를 줄인 말이다. 많은 사람들이 따라 하고 싶어 하는 유행을 이끄는 유명인을 셀럽이라고 부른다. 보통은 연예인이나 스포츠 스타들이 셀럽인 경우가 많지만, 요즘은 좀 달라졌다. 유튜브나 인스타그램 같은 다양한 채널이 생기면서 일반인들 가운데서도 셀럽이 등장하기 시작했다. 어떤 경로로든 유명해진 셀럽들은 그만큼 큰 영향력을 발휘할 수 있다는 의미에서, 인플루언서(influencer; 대중에게 영향력을 행사하는 사람)라고 부르기도 한다.

　셀럽이나 인플루언서들은 자신의 영향력을 이용해서 직접 물건을 판매하기도 하고 돈을 받고 광고 영상을 올리는 등 돈벌이에 나서기도 한다. 내가 좋아하는 사람이 직접 사용해 보고 좋다고 하면, 더 믿음이 가고 더 쉽게 지갑을 열게 되는 심리를 이용한 것이라 할 수 있다. 어떤 셀럽들은 자신의 영향력을 좋은 일에 사용하기도 한다. 유기견 보호나 학대 아동 쉼터 마련 등에 발 벗고 나서는 모습을 보면 좋아하는 마음이 더 커진다. 많은 사람들이 셀럽이 되고 인플루언서가 되기를 꿈꾸는 시대이다. 그렇다면 그렇게 유명해졌을 때, 어떤 영향력을 세상에 미칠지도 함께 생각해 보았으면 좋겠다.

뜻 연예나 스포츠 분야 등에서 인지도가 높은 유명 인사
순화어 유명인, 명사

🔍 소셜 커머스(social commerce)

오랜만에 가족 여행을 가자는 얘기가 나왔다. 아빠는 무조건 캠핑을 가야 한다며 고집을 부렸다. 아마도 이 기회에 예전부터 사고 싶어 했던 텐트를 사야겠다고 마음먹은 것 같다. 그러면서 '소셜 커머스'로 싸게 살 수 있다며 재빨리 텐트를 구입했다. 그리고 나서는 우리들의 마음이 바뀔까 걱정이 되는지 바로 캠핑장을 예약했다. 나는 편리한 리조트에 가서 놀고 싶었지만, 아빠를 위해 너그럽게 양보했다.

소셜 커머스는 보통 '공동 할인 구매'라고 하는데, 소셜 네트워크 서비스(SNS: social network service, 사회관계망 서비스)를 통한 전자 거래 방식을 말한다. 소셜 네트워크 서비스란 사람들이 인터넷을 통해 교류할 수 있도록 해 주는 서비스로, 페이스북이나 트위터 등이 이에 해당된다.

예를 들어 옆집 아저씨가 사과 농장을 한다고 하자. 사과 한 개에 천 원에 팔고 있다. 동네 아줌마가 '나도 사고 싶어요. 그런데 조금 싸게 살 수 있는 방법이 없을까요?'라고 하면, 옆집 아저씨가 '한 개씩 팔 때는 천 원이지만, 많이 사면 서로 좋으니까 20개를 사시면 한 개에 900원에 드릴게요.'라고 말한다. 그런데 아줌마는 사과 20개까지는 필요하지 않은 상황이다. 이럴 때 필요한 게 바로 공동 할인 구매다. 아줌마는 주변 사람들에게 사과를 같이 사자고 한다. 사람들과 함께 합해서 사과 30개를 산다. 아저씨는 900원에 팔았지만 많이 팔아서 좋고, 아줌마는 싸게 사과를 살 수 있어 좋다. 이런 공동 할인 구매를 인터넷을 통해 전자 거래 방식으로 하는 것을 소셜 커머스라고 한다.

소셜 커머스를 전문으로 하는 회사는 물건을 직접 만들지 않고 물건을 만드는 회사와 협약을 맺는다. '200개를 40% 할인해서 판매하신다면 우리 회사의 홈페이지에서 당신의 제품을 팔겠습니다.'와 같은 방식으로 협약을 맺는 것이다. 그러면 텐트 회사는 소셜 커머스 회사의 홈페이지에 등록하고, 우리 아빠 같은 사람들이 텐트를 구입한다. 소셜 커머스 회사는 홈페이지에 등록해 준 대가로 물건을 판매하는 회사에서 수수료를 받아서 운영된다.

뜻 소셜 네트워크 서비스를 활용하여 일정 수 이상의 구매자를 모아 싼값에 물건을 구매하는 전자 상거래의 한 방식
순화어 공동 할인 구매

🔍 소확행

요즘 우리나라 사회에서는 '소확행'이 대세인 것 같다. 매일매일 바쁜 일상이 이어지고 지갑은 비어 있지만, 그래도 작지만 확실한 행복 한 가지 정도는 챙기면서 살자는 사회 분위기라고나 할까? 집을 사거나 좋은 직장에 취업하거나 멋진 자동차를 사는 등의 크지만 불확실한 행복을 추구하기보다는, 작지만 성취하기 쉬운 소소한 행복을 추구하는 사람들이 많아졌다. 그런 의미에서 금요일 저녁마다 치킨 파티를 여는 것도 우리 가족의 소확행이라고 할 수 있다.

소확행이란 말은 무라카미 하루키라는 유명한 일본 작가의 에세이집 《랑겔한스섬의 오후》에서 시작되었다. 그는 책에서 '갓 구운 따끈한 빵을 손으로 뜯어 먹는 것, 오후의 햇빛이 나뭇잎 그림자 그리는 걸 바라보며 브람스의 실내악을 듣는 것, 서랍 안에 반듯하게 접어 넣은 속옷이 잔뜩 쌓여 있는 것'이 소소하지만 확실한 행복이라는 얘기를 한다. '소소하지만 확실한 행복', 줄여서 '소확행'이라는 말은 여기서 나온 것이다. 하지만 무라카미 하루키가 이 말을 처음 만든 것은 아니다. 그는 자신이 좋아하는 작가 레이먼드 카버의 소설 〈별 것 아닌 것 같지만, 도움이 되는〉에서 이 말을 따왔다고 밝히고 있다. 어쨌든 서랍 안에 깨끗하게 빨래한 속옷을 반듯하게 접어 넣는 것에도, 오후의 햇빛이 나뭇잎 그림자 그리는 걸 바라보는 일에도 돈은 필요 없다.

그런데 우리나라에서 유행하는 소확행에는 좀 이상한 구석도 있다. '작지만 확실한 행복'에 돈을 써야 얻어지는 것이라는 의미도 있다는 것이다. 돈은 없지만 일주일에 한 번은 고급 포도주를 먹겠다든지, 다른 것은 몰라도 셔츠만은 최고급으로 입겠다든지 하는 식으로 말이다. 이런 의심이 들기도 한다. 혹시 소확행이 유행하는 세상에는 어떤 의도가 숨어 있는 게 아닐까? 팍팍한 삶을 살아가며 위로가 필요한 사람들에게 '소확행'이라는 핑계로 돈을 쓰게 하면서 안 그래도 얇은 지갑을 아예 텅 비게 만들려는 의도 말이다. 하지만 소확행이라는 말 자체에는 죄가 없다. 작은 일에도 행복을 느끼는 능력, 이것이야말로 진짜 중요한 힘이라고 할 수 있을 것이다.

> **뜻** '작지만 확실한 행복'이라는 뜻으로, 일상에서 누리는 소소한 즐거움을 이르는 말

스몰 액션(small action)

　우리 반 환경 지킴이 한별이는 외출할 때 꼭 손수건을 가지고 다닌다. 하루에도 몇 번씩 손을 씻는데 그때마다 휴지나 핸드 드라이어를 사용하는 것은 지구 환경에 도움이 되지 않기 때문이라고 한다. 지구를 위해 큰일은 못 하지만, 지금 할 수 있는 작은 일이라도 해야 할 것 같아서 시작한 것이 손수건 가지고 다니기란다. 이런 게 바로 '스몰 액션'이라나? 새봄이는 한별이에게 손수건 예쁘다고 말했다가 손수건 가지고 다니는 이유를 듣더니 자기도 손수건을 가지고 다니겠다고 한다. 그런데 알고 보니 새봄이는 플라스틱 빨대를 사용하지 않는다고 한다. 작년에 본 다큐멘터리에서 코에 빨대가 박혀 고생하는 바다거북을 보고 빨대와 작별했다는 것이다. 나도 앞으로 손수건을 가지고 다니고, 빨대를 사용하지 않겠다고 약속했다.

세상을 위해 큰일을 하는 것은 어렵다. 하지만 한별이나 새봄이처럼 작은 일은 할 수 있지 않을까? 이런 생각을 하는 사람들이 세상에는 많은 모양이다. 그래서 스몰 액션이라는 말이 생겨났다. 스몰(small)은 작다는 뜻이고 액션(action)은 행동이라는 뜻이니, 스몰 액션은 '작은 행동'이라는 말이 된다. 스몰 액션은 작고 소소한 일이다. 강물이 오염되는 것을 막기 위해 샴푸를 사용하지 않는다거나, 착한 가게에 돈쭐을 내 준다거나, 이왕 운동 삼아 달리는 김에 쓰레기도 함께 줍는다거나 하는 것들이 모두 스몰 액션이다. 거창한 일은 아니고 작은 일이지만, 작은 것이 모이고 쌓여서 큰 것이 되는 법이다. 티끌 모아 태산이고, 천 리 길도 한 걸음부터라고 하지 않았던가.

스몰 액션에서 중요한 것은 실천하는 것이다. 생각으로야 무슨 일이든 할 수 있다. 하지만 작은 일이라도 실천에 옮기는 것이 중요하다. 걱정이나 근심에서 끝나지 않고 정말로 실천하는 것, 여기서 변화가 시작된다. 이 책을 읽고 있는 우리 친구들의 스몰 액션은 무엇일지 궁금하다.

뜻 거창한 행동이 아닌 생활 속 작은 실천으로 사회와 지구 환경에 기여하는 행동
순화어 작은 행동

🔍 언박싱(unboxing)

　오늘 엄마가 그토록 기다리던 운동용품이 도착했다. 건강에 도움이 된다며 거금을 들여 장만한 운동 기구다. 드디어 운동 기구의 '언박싱'이 이루어졌다. 하지만 기구를 조립하는 일은 쉽지 않았다. 아빠와 함께 온 가족이 달려들어 간신히 조립을 마쳤다. 그때 엄마의 표정이란! 지금 엄마의 마음은 내가 좋아하는 가수의 새 앨범을 언박싱하는 순간과 비슷하겠지? 넓은 마음으로 엄마의 웃긴 표정을 이해해 주기로 했다. 그나저나 금방 포기하지 말고 끝까지 하셔야 할 텐데…!

　언박싱은 원래 '상자를 열다'라는 뜻의 영어 단어이다. 하지만 이 단어를, 상품을 만든 회사에서 신상품 또는 관심이 높은 상품의 장단점을 영상

등으로 소개하는 것이라는 의미로 사용하면서, '포장을 열고 새로운 물건을 알아본다', 또는 '홍보한다'와 같은 의미로 쓰이게 되었다. 상자를 열어서 물건을 꺼내는 것도 언박싱, 회사에서 새로운 제품을 개발해서 보여 주는 영상도 언박싱이라 할 수 있다. 또 게임 회사에서 새로운 게임을 개발해서 소개하는 것도 언박싱이라 부른다.

유트브나 틱톡 같은 SNS에는 물건이나 게임의 언박싱을 보여 주는 사람이 많다. 가수도 새 앨범을 만들면 실시간으로 노래도 들려주고, 새로 나온 앨범에 무엇이 들어 있는지 개봉하며 보여 주는데 이런 것도 언박싱이라 부른다. 그러니 사고 싶은 물건이나 게임이 있으면 일단 SNS에 들어가 언박싱 영상을 검색해 보자. 여러 사람이 개봉하고 내용물을 소개하고 사용하는 모습을 본 뒤에, 괜찮다 싶으면 그때 구입하자. 그러면 내가 샀을 때 후회할 확률이 낮아진다.

하지만 언박싱 영상을 보면서 생기는 부작용도 있다. 언박싱 영상을 보고 있으면 살 생각이 없었는데도 사고 싶어질 때가 있다. 회사는 우리의 그런 마음을 잘 알고 이용하는 것이다. 언박싱을 즐기는 건 좋다. 그렇지만 사기 전에 꼭 필요한 물건인지, 사용할 때 불편한 점이나 위험한 부분은 없는지 알아보고 고민할 필요가 있다. 언박싱하는 순간의 기쁨을 온전히 누리기 위해서는 내 마음이 무얼 원하는지 들여다보는 것이 먼저다.

뜻 상자를 연다는 뜻으로, 구매한 상품의 상자를 개봉하는 과정을 일컫는다.
순화어 개봉, 개봉기

워라밸(work-life balance)

사람이 살아가면서 일이라는 것은 정말 중요하다. 많은 사람들이 일을 해서 돈을 벌고 그 돈으로 생활을 유지한다. 일을 하면서 사람들을 만나고 세상과도 관계를 맺는다. 또 일을 하면서 보람을 느끼고 성장하기도 한다. 하지만 일이 아무리 중요하다고 해도, 일만 하면서 사는 것이 좋은 삶이라고 하기는 어려울 것이다. 일도 중요하지만 우리에게는 일 말고도 중요한 것이 많이 있기 때문이다. 이럴 때 사람들은 '워라밸'을 이야기한다.

워라밸이란 '일과 삶의 균형'이라는 의미의 '워크 라이프 밸런스(work-life balance)'를 우리나라에서 머리글자만 따서 줄여 만든 말이다. 일을 뜻하는 워크(work)와 삶을 뜻하는 라이프(life), 그리고 균형을 뜻하는 밸런스(blance)가 합쳐진 말인 워크 라이프 밸런스는 영국에서 일과 생활의 균형을 나타내는 의미로 처음 등장했다. 1980년대 영국에서 '이렇게 일만 하면서 살 수는 없다', '제대로 된 생활을 할 수 있도록 충분한 여가 시간을 보장하라', '노동 시간을 줄여 달라'는 등의 요구를 내건 사회 운동이 일어났는데, 이때 사람들이 주장했던 것이 바로 워크 라이프 밸런스이다. 이후 이 말은 많은 사람들의 지지와 공감을 얻으며 널리 쓰이는 단어가 되었다.

　워라밸을 요구하는 사회 운동에 앞장섰던 것은 여성들이었는데, 그 이유는 하루 종일 직장에서 일을 하고 퇴근해서 또 집안일을 해야 하는 것이 너무 힘들고 비인간적이기 때문이었다. 이를 계기로 아이를 낳으면 아이를 키우며 일정 기간 직장을 쉴 수 있는 육아 휴직 제도나 아침부터 저녁까지 정해진 시간을 꽉 채워 일하지 않고 형편에 맞게 근무 시간을 선택할 수 있는 탄력 근무 제도 같은 것이 생겨났다. 그런데 워라밸이 일하는 어른들에게만 해당되는 말일까? 하루 종일 학교에서 공부하고, 학교가 끝나면 영어 학원, 피아노 학원, 태권도 학원 등을 다니느라 놀거나 쉴 시간이 없는 어린이들에게도 해당되는 말 아닐까? 그러면 이럴 땐 스라밸(공부와 삶의 균형, study-life balance)이라고 해야 하나?

뜻 워크 라이프 밸런스를 줄여 만든 말로, 일과 개인의 삶 사이의 균형을 뜻하는 말
순화어 일삶균형, 일 생활 균형

인플루언서(influencer)

유튜브의 영상을 보고 나면 항상 '구독'과 '좋아요'를 눌러 달라는 요청이 나온다. 이왕이면 '알림 설정'까지 해 달란다. 이런 방식은 유튜브 영상에서는 언제나 똑같다. 그래서 사람들은 마음에 드는 유튜브 영상을 만나면 '구독'과 '좋아요'를 눌러 관심과 애정을 표현한다. 그런데 왜 유튜브 영상 제작자들은 너도나도 '구독'과 '좋아요'를 눌러 달라고 하는 걸까? '구독'과 '좋아요'의 수가 늘어나는 만큼 자신의 영향력이 커지기 때문일 것이다. 이처럼 SNS에서 영향력이 큰 사람을 '인플루언서'라고 한다.

인플루언서는 '영향력', 혹은 '영향을 미치다'라는 뜻의 영어 인플루언스(influence)에 사람을 뜻하는 '~er'이 붙어서 만들어진 단어이다. 원래의 말뜻 그대로 해석하면 영향을 미치는 사람, 즉 영향력이 큰 사람이다. 그런데 요즘에는 주로 SNS에서 영향력이 큰 사람이라는 의미로 사용된다. SNS가 다양한 만큼 인플루언서들의 활동 무대도 다양하다. 블로그, 유튜브, 트위터, 인스타그램 등에서 다양한 방식으로 활동하는데, 많은 팔로워들을 거느리고 있다는 것이 인플루언서들의 공통점이다.

그렇다면 팔로워는 무슨 뜻일까? 팔로워는 '따르다'라는 뜻의 영어 팔로우(follow)에 사람을 뜻하는 '~er'이 붙어서 만들어졌다. 팔로우가 '따르다', '추종하다'라는 뜻이니까 팔로워는 따르는 사람, 추종하는 사람이라는 의미가 된다. 유튜브에서라면 '구독'이나 '좋아요'를 누르는 사람이 팔로워가 될 것이고, 트위터라면 '트친'(트위터 친구)이 팔로워일 것이다. 팔로워가 많은 인플루언서들은 새로운 게시물을 올릴 때마다 많은 사람들의 주목을 받는다. 요즘은 이를 이용해 광고를 하는 경우도 많다. 영향력이 큰 인플루언서에게 대가를 지불하고 자기 회사 제품 홍보를 하게 하는 식이다. 그러니 인플루언서가 올린 게시물이라고 무조건 믿으면 안 된다. 이 역시 판단은 자기 몫이다.

뜻 대중에게 영향력을 행사하는 사람이라는 뜻으로, 주로 소셜 네트워크 서비스(SNS)에서 영향력을 행사하는 사람
순화어 영향력자

🔍 제노포비아(xenophobia)

영국 출신의 프리랜서 기자 라파엘 라시드의 트위터 계정에 한 장의 사진이 게재됐다. 헬스장 출입문에 '코로나19로 외국인의 출입을 금지한다.'는 문구가 붙어 있는 사진이었다. 백신을 맞았는지, 코로나 검사에서 음성으로 나왔는지와 상관없이 외국인의 출입 자체를 막겠다는 것이다. 여기는 도대체 어느 나라야? 바로 우리나라에서 있었던 일이다. 라시드는 이 사진과 함께 '한국엔 곳곳에 '제노포비아'가 퍼져 있다.'고 썼다.

제노포비아란 '낯선 사람'이라는 뜻의 제노스(xenos)와 공포를 의미하는 포보스(phobos)란 그리스어를 합쳐서 만든 말로, 외국인이나 다른 민족을 싫어하고 미워하는 현상을 의미한다. 사람들은 여러 가지 이유를 들어 다른 문화권에서 온 사람이나 외국에서 온 사람, 인종이 다른 사람들을 혐오하고 증오한다. 독일인들은 유대인을 배척하고 살해했던 역사가 있고, 미국인들은 멕시코 이민자들을 혐오한다.

코로나19 초기에 독일에서 아시아 사람들을 멀리하는 분위기 때문에 한국 사람들이 고생했다고 하는데, 이제는 우리나라에서 코로나19를 이유로 외국인들을 미워하는가 보다. 그렇지만 잘 생각해 보면 코로나19 이전에도 외국인을 배척하고 혐오하는 일은 있었다. 사람들은 외국인들이 일자리를 다 뺏어 가서 우리나라 사람들이 취직이 안 된다고, 또 중국인들이 많이 사는 동네에는 범죄가 많아서 살기 어렵다고 한다.

하지만 천만의 말씀이다. 지금 외국인 노동자가 없으면 우리나라 경제는 무너진다. 또 범죄 통계를 보면 그 말이 전혀 맞지 않는다는 것을 곧바로 알 수 있다. 당연한 얘기지만, 제노포비아는 극복해야 할 현상이다. 전 세계에서 모인 사람들이 함께 어우러져 사는 21세기에는 특히 그렇다. 우리는 어디로든 떠날 수 있고, 새로운 곳에서 살 수 있다. 그가 어디에서 왔건 안전하고 행복하게 살 권리가 있는 것이다.

뜻 외국인이나 이민족 집단을 병적으로 싫어하고 미워하는 생각이나 현상
순화어 외국인 혐오

🔍 플로깅(plogging)

이번 '학급 체험의 날'에 무엇을 할지 결정하기 위해 학급 회의를 했다. 아이들은 제각각 놀이공원에 가자, 학교에서 삼겹살 파티를 하자, 미니 체육 대회를 하자는 등의 여러 의견들을 냈다. 그러던 중 평소에도 분리수거를 할 때 깐깐하기로 유명한 우리 반 환경 지킴이 한별이가 일어나더니 '플로깅'을 하자고 제안했다. 플로깅? 그게 도대체 뭔데?

플로깅은 스웨덴어로 '이삭을 줍다'는 뜻인 '플로카 업(plocka upp)'과 달리기를 의미하는 영어 단어 '조깅(jogging)'이 합쳐져 생겨난 말로, 조깅을 하며 쓰레기를 줍는 운동을 말한다. 2016년 스웨덴에서 시작되어 금방 전 세계로 퍼졌 나갔다. 지금 인스타그램에서 플로깅을 입력하면 어마어

마하게 많은 게시물이 검색되는 것을 확인할 수 있다.

　건강을 위해 달리기를 한다면 지구의 건강도 함께 챙겨 주면 어떨까? 어차피 달리는 거라면 쓰레기도 함께 주우면서 달리는 게 어때? 플로깅은 이런 생각을 담고 생겨났다. 운동은 운동이고 청소는 청소지, 이도 저도 아니게 쓰레기를 주우면서 달리자고? 어쩌면 이렇게 생각할지도 모르겠다. 하지만 플로깅은 생각보다 괜찮은 운동이라고 한다. 달리기를 하다가 쓰레기를 발견하면 다리도 굽히고 허리도 굽혀야 하기 때문에 운동 효과가 좋아진다는 것이다. 지구의 한구석이라도 깨끗하게 만들 수 있다면 그냥 달리기만 하는 것보다 기분도 좋아질 것이다.

　2020년 도쿄 올림픽에서는 '스포고미'라는 비공식 종목이 생겨났는데, 제한 시간 1시간 안에 누가 더 많이 쓰레기를 줍느냐를 겨루는 것이라고 한다. 그러니 이제 쓰레기를 줍는 것은 가장 멋진 행동 가운데 하나가 된 것 같다. 플로깅이라는 단어가 너무 어렵다면, '쓰담 달리기'라는 멋진 우리말을 써도 좋다. 또한 플로깅은 우리나라에서 '줍다'와 '조깅'을 합쳐 '줍깅'이라고 부르기도 한다.

　학급 체험의 날 우리 반은 무엇을 했을까? 당연히 플로깅, 아니 쓰담 달리기를 했다.

뜻 조깅을 하면서 쓰레기 따위를 거두어 모으는 행위를 이르는 말
순화어 쓰담 달리기

해시태그(hashtag)

오늘은 친구들과 요즘 새로 나온 게임을 했다. 무척 재미있었다. 이걸 동영상으로 만들어 SNS에 올리면 인기가 있을 것 같아 열심히 동영상을 편집하고 있는데, 언니가 옆에서 한마디 한다. "야, 게시물을 잘 만드는 것도 중요하지만, '해시태그'를 잘 달아야 해. 그걸 소홀히 하면 보는 사람이 없어!" 해시태그? 그건 또 뭐야?

언제부터인가 SNS 게시물들에는 샤프 기호 '#'와 단어가 함께 묶여서 달려 있는 것을 볼 수 있다. 예를 들면 이런 것들이다.

'#키큰도토리', '#어린이책'

이렇게 샤프 기호 '#'에 특정 단어를 붙여 쓰는 것을 해시태그라고 한다.

'#' 기호를 뜻하는 해시(hash)와 묶는다는 뜻의 태그(tag)가 합쳐진 말로, '#' 기호를 사용해서 단어를 묶는다는 의미이다. 2007년 트위터에서 '#' 기호를 검색어 표시로 사용하기 시작하면서 널리 쓰이는 약속이 되었다. 이 때문에 음악을 연주할 때 쓰는 악보에서 말고는 좀처럼 사용할 일이 없었던 '#' 기호는 이제 전 세계에서 가장 자주 쓰이고, 가장 유명한 기호 가운데 하나가 되었다.

해시태그를 달 때 주의할 점은 띄어쓰기를 하면 안 된다는 것이다. '#키큰도토리'라고 해야지, '#키 큰 도토리'라고 하면 안 된다. 만일 띄어쓰기를 해야만 의미가 더 잘 전달될 것 같을 때에는 언더바 기호 '_'를 이용하면 된다.

'#키_큰_도토리'

영어로 해시태그를 만들 때에는 중간에 대문자를 넣어서 해결하기도 한다.

'#LoveYourself'

어떤 메시지를 사회에 전달하고 싶을 때나 특정 주제에 대한 지지와 관심을 표현할 때도 해시태그가 많이 이용된다. 미투 운동은 SNS의 각종 게시물에 '#MeToo', '#WithYou'라는 해시태그를 다는 방법을 통해 전 세계로 확산되었다.

뜻 특정 핵심어 앞에 '#' 기호를 붙여서 식별을 쉽게 하는 메타데이터 태그의 한 형태. 이 태그가 붙은 단어는 SNS에서 편리하게 검색할 수 있다.
순화어 핵심어 표시

사회

가스라이팅(gaslighting)
공유 경제
국민 총행복(GNH: gross national happiness)
돈쭐
미투(me too)
바이럴 마케팅(viral marketing)
보이스 피싱(voice phishing)
사이버 레커(cyber wrecker)
성 중립 화장실
스모킹 건(smoking gun)
스토킹(stalking)
알리바이(alibi)
엘지비티(LGBT)
인플레이션(inflation)
1인 시위(一人 示威)
젠더 프리 캐스팅(gender free casting)
커밍아웃(coming-out)
크라우드 펀딩(crowd funding)
탈코르셋(脫-corset)
플랫폼 노동(platform 勞動)
플리 마켓(flea market)
핑크택스(pink-tax)

🔍 가스라이팅(gaslighting)

경고! 이건 무서운 이야기이니, 읽기 전에 마음을 단단히 먹자.

매일 함께 놀면서 내게 잘해 주는 친구가 종종 이런 말을 한다고 하자.

"나니까 너랑 친구 해 주는 거야. 너는 나 없으면 같이 놀 친구도 없을걸."

"너는 그런 것도 못 하니? 그러니까 넌 나 없으면 안 돼."

처음에 그런 얘기를 들을 때는 기분이 안 좋기도 했지만, 잘 생각해 보니 그 친구 말이 맞는 것 같다. 함께 놀 때 뭐든지 그 친구 좋은 대로만 하는 게 안 좋았지만, 그 친구 없으면 정말 함께 놀 친구도 없을 것 같다.

하지만 사실 그 친구는 폭력을 행사하고 있는 것이다. 그 친구가 때리지도 않고 욕을 하지도 않았지만, 그래도 그건 폭력이다. 친절하고 잘해 주는 것 같지만 계속 깎아내리는 말과 행동으로 상대방의 자존감을 무너뜨

린다. 이런 폭력은 우리가 생각하는 것보다 자주 일어난다. 이를 '가스라이팅'이라고 한다. 가스라이팅은 다른 사람의 상황을 교묘하게 조작해서 그 사람이 스스로를 의심하게 만들어, 자신의 뜻대로 지배하려고 하는 감정적 폭력을 말한다. 계속 가스라이팅을 당하게 되면 정말 아무것도 할 수 없을 것 같은 마음이 되어 상대방이 조종하는 대로 따르게 된다.

"너를 사랑해서 하는 말이야. 나를 좋아한다면서 이 정도도 못 해 줘?"
"그러니까 네가 무시당하지. 이러니 나 아니면 누가 너를 좋아하겠어?"
 어떤 사람과의 관계에서 이런 말이 자주 등장한다면 그건 가스라이팅일 가능성이 높다. 우리는 귀한 존재이기에 이런 말을 참을 이유가 없다. 가스라이팅이 무서운 이유는 그것이 친밀한 사이에서 나타나는 폭력이기 때문이다. 부모와 자녀, 선생님과 학생, 남자친구와 여자친구, 매니저와 연예인, 이런 관계들 속에 가스라이팅이 도사리고 있다.
 그런데 왜 이걸 가스라이팅이라고 부르는 걸까? 예전 영화 중에 〈가스등(Gas Light)〉이라는 영화가 있다. 남편이 아내에게 잘해 주는 척하면서 아내가 자기에게만 의지하도록 만들어, 아내의 재산을 몽땅 가로채려는 이야기이다. 영화에서 남편은 집안의 가스등 불빛을 조작해 아내를 혼란스럽게 만든다. 이 영화의 제목에서 가스라이팅이란 말이 생겨났다.

뜻 다른 사람의 상황을 교묘하게 조작해서 그 사람이 스스로를 의심하게 만들어, 자신의 뜻대로 지배하려고 하는 행위
순화어 심리적 지배

공유 경제

 동생이 캠핑을 가자고 조른다. 친구들이 가족 캠핑 다녀온 이야기를 듣고, 자기도 가고 싶다고 한다. 엄마 아빠가 난감해하신다. 캠핑을 하려면 텐트도 있어야 하고, 캠핑용 조리 도구와 침낭도 있어야 한다. 캠핑을 위한 장비들이 많은데 그걸 다 장만하려면 돈이 너무 많이 든다. 또 앞으로도 계속 캠핑을 할지 한 번으로 끝날지는 알 수 없다. 장비들을 보관하기에 집도 너무 좁다고 하신다. 모두 맞는 말이라 함께 조르던 나도 멈칫하게 되었다. 그때 엄마가 '잠깐!' 하고 방으로 들어가 누군가와 통화를 하신다. 잠시 후 엄마가 웃으며 나오더니, '그래! 우리도 캠핑 가자!'고 하신다. 캠핑을 즐기는 친구에게 장비를 빌리기로 했다는 것이다. 그리고 만세를 부르는 우리를 보며 한마디 덧붙이셨다. "지금은 '공유 경제' 시대잖아!"

공유 경제란 물건을 한 개인이 소유하지 않고 서로 빌려 쓰는 시스템을 말한다. 예를 들어 가족 여행 때문에 자동차가 필요한 사람이 있다고 하자. 평소에는 자동차를 사용하지 않는데, 여행만을 위해 차를 산다면 낭비가 될 것이다. 차를 소유하려면 자동차 값은 물론이고 보험료나 수리비도 들어가고 주차 공간도 마련해야 한다. 자동차 관리에 드는 노력도 만만치 않다. 반면에 자동차를 가지고 있지만 별로 사용하지 않는 사람도 있다. 이 사람의 차를 여행 때문에 차가 필요한 사람이 빌려 쓴다면 서로 좋지 않을까? 한 사람은 큰 비용을 들이지 않고도 필요할 때 자동차를 사용할 수 있고, 다른 사람은 사용하지 않는 날 자동차를 빌려주고 돈을 벌 수 있다.

하지만 차를 빌려주고 빌려 쓰는 것이 간단한 일은 아니다. 만일에 사고가 난다면 책임 문제가 복잡하다. 또 누가 차를 빌려주고 싶어 하는지, 누가 차를 빌리고 싶어 하는지를 어떻게 알 수 있단 말인가? 이럴 때 두 사람을 연결해 주고, 그 과정에서 발생하는 법적인 문제까지 해결해 주는 시스템이 생겨나면서 공유 경제의 시대가 활짝 열렸다. 자동차나 캠핑용품만이 아니다. 옷이나 책, 심지어 집까지 공유하는 세상이다. 하나의 물건을 여럿이 함께 쓰니 자원도 절약되고, 사지 않고 빌려 쓰니 가정 경제에도 도움이 된다.

> **뜻** 제품을 한 사람이 소유하고 이용하는 것이 아니라, 여럿이 함께 나눠 사용하거나 서로 빌려주는 등 협력하여 소비하는 경제 활동을 이르는 말

🔍 국민 총행복(GNH: gross national happiness)

　높고 높은 히말라야산맥에 부탄이라는 아주 작은 나라가 있다. 부탄의 인구는 75만 명, 1인당 국민 소득은 겨우 3천 달러 정도라고 한다. 우리나라의 인구가 거의 5천만, 1인당 국민 소득이 3만 5천 달러라는 것을 생각하면, 아주 작고 가난한 나라임을 알 수 있다. 그런데 이 나라 국민 중 열에 아홉은 아주 행복하다고 한다. 물질적으로는 가난하지만 국민은 행복하다고? 대체 이게 무슨 소리일까?

　우리가 살아가는 데 물질적인 요소들은 필수적이다. 당장 먹을 것이 없어 굶주리면서 행복하기는 불가능하다. 집이 없어서 길거리에서 생활해야 한다면 행복을 이야기하기 어려울 것이다. 하지만 어느 정도 기본적인 필요가 채워졌다면, 행복은 조금 다른 차원의 문제이다. 돈은 많이 벌지만 하루 12시간씩 일하고 있다면? 그는 항상 피곤할 것이고 가족이나 친구들과 재미있는 시간을 보내기 어려울 것이다. 치열한 입시 경쟁과 환경 오염, 범죄 등 물질적 풍요와 상관없이 우리의 행복을 가로막는 것들은 많이 있다. 우리나라는 경제 규모로 보면 세계 10위에 올랐지만, 유엔이 발표한 〈세계 행복 보고서〉에 따르면 국민 행복도는 156개 국가 중에서 62위를 기록했다.(2021년)

부탄은 정반대이다. 물질적으로는 가난하지만 행복 지수는 매우 높다. 세상 사람들은 부탄의 행복 비결이 궁금했다. 그 비결은 바로 '국민 총행복'이었다. 부탄에서는 한 사람이 얼마나 버느냐 하는 국민 소득이 아니라 얼마나 행복한가 하는 행복 지수를 중요한 기준으로 내세웠다. 그리하여 정부는 국민 총행복을 높이는 쪽으로 나라를 이끌었다. 부탄에서 중요한 것은 얼마나 버는가가 아니라 얼마나 행복한가이다. 다른 나라들과는 애초부터 목표가 달랐던 것이다. 하지만 안타깝게도 최근 슬픈 소식이 들려온다. 몇 년 전부터 부탄의 국민 총행복이 떨어지고 있다고 한다. 부탄에도 SNS가 보급되면서 다른 나라의 물질적 풍요와 자기 나라의 '가난'을 비교하게 되었기 때문이다. 원래 비교는 불행의 시작이다. 오죽하면 '부러우면 지는 것'이라는 말이 있겠는가.

> **뜻** 1970년대에 부탄에서 만들어 낸 행복 개념. 소득보다는 삶의 질을 중시하는 개념이다.

돈쭐

치킨을 먹고 싶은데 돈이 부족해서 치킨집 앞에서 서성거리는 형제를 발견한 치킨집 사장님이 이들에게 공짜로 치킨을 주었다고 한다. 앞으로도 치킨을 먹고 싶을 때마다 언제든 오라는 말과 함께! 형제는 고마운 마음을 가득 담아 치킨집 본사로 이런 사연을 보냈다. 사연을 받은 본사는 이 아름다운 이야기를 온라인에 퍼뜨렸고, SNS에는 이런 문구가 떠돌았다. '이런 가게를 그냥 두면 안 되죠. '돈쭐'을 내 주어야죠.' 사람들은 가난한 형제에게 온정을 베푼 치킨집에 앞다투어 주문을 넣었다. 배달이 불가능한 지역으로 주문한 뒤 주문 요청 사항에 '음식을 배달하지 말고 불우 이웃을 도와 달라.'와 같은 문구를 넣는 사람도 있었다. 주문이 너무 많아 감당할 수 없게 된 사장님이 '이제 그만!'을 외칠 지경이 되었다.

돈쭐은 '돈'과 몹시 꾸짖거나 벌을 준다는 의미의 '혼쭐내다'라는 단어가 합쳐진 말이다. '혼쭐내다'의 원래 의미와 달리 착한 기업의 제품을 팔아 주자는 뜻이며, 착한 기업들은 돈으로 혼을 내 줘야 한다는 취지로 누리꾼들 사이에서 널리 쓰이고 있다. 사람들은 가장 싼 가격을 검색하고, 가성비를 꼼꼼하게 따지며 소비하기도 하지만 동시에 '좋은 일'에 돈을 쓰기를 원한다. 누가 시켜서 하는 일이 아니다. 그냥 착한 사람이 복을 받았으면 좋겠다는 염원이 모여 돈쭐이라는 말이 생겨난 것이다.

이와 반대되는 현상으로는 '불매 운동'이 있다. 나쁜 기업이 있다면 그 기업의 제품을 구입하지 않는 것으로 혼을 내 주자는 것이다. 좋은 기업은 격려하고 나쁜 기업은 혼을 내면서 소비자들은 점점 더 기업에 많은 영향력을 행사하고 있다. 옛날이야기에서는 산신령이나 요정이 나타나서 착한 사람을 도와주고 나쁜 사람을 혼내 주었지만, 현실에서는 소비자들이 바로 산신령이고 요정이다.

> **뜻** 사회에 좋은 영향력을 행사한 기업이나 가게에 '착한 소비'로 보답하겠다는 의미로 쓰이는 신조어

🔍 미투(me too)

한동안 우리나라 사회를 뜨겁게 달군 단어로 '미투'라는 것이 있다. 성폭력 피해를 입은 여성이 어렵게 그 사실을 공개했을 때, 많은 사람들이 '미투'라는 단어로 이에 응답했다. 미투는 '나도 그렇다'라는 의미인데, 성폭력 피해를 공개한 여성에게 '우리도 당신과 함께한다, 우리도 동참한다'는 뜻을 나타낸 것이다.

미투 운동은 타라나 버크라는 미국 여성으로부터 시작되었다. 버크는 열세 살 흑인 소녀에게서 성폭력 피해 경험을 듣게 되었는데, 그 이야기를 들을 당시에는 적당한 대답을 해 주지도 못했고 제대로 된 도움을 주지도 못했다. 버크는 오랜 시간 그 문제에 대해 깊이 생각하면서 같은 상황이

닥친다면 어떤 말을 들려줘야 할까 고민했다고 한다. 그 과정에서 내려진 그의 결론은 미투였다. '나도 그렇다'라는 뜻의 미투는 '나도 너처럼 나쁜 일을 겪었다', '네가 느끼는 수치심과 절망에 공감한다', '너의 슬픔과 고통을 더는 일에 나도 동참한다'는 뜻으로 발전하였다. 2017년 미투 운동은 큰 도약을 하게 된다. 할리우드의 배우 알리사 밀라노가 자신이 영화 제작자에게 성추행을 당했다며, '성희롱이나 성추행을 당한 여성이라면 'Me Too'라는 댓글을 달아 달라.'는 메시지를 SNS에 올렸다. 그러자 놀랍게도 기네스 팰트로, 안젤리나 졸리와 같은 톱스타가 여기에 참여했던 것이다. 그 덕분에 전 세계 곳곳의 사람들이 미투 운동에 관심을 가지기 시작했다.

　우리나라도 예외는 아니었다. 여러 분야에서 자신의 피해 사실에 대한 증언이 쏟아져 나왔으며, 많은 사람들이 이에 대해 '미투'로 응답했다. 미투 운동은 학교로도 퍼져서 '스쿨미투'라는 말이 생겨나기도 했다. 미투 운동은 주로 성폭력을 당한 여성을 중심으로 전개되고 있지만, 그 의미는 더 넓게 사용될 수 있다. 당신의 고통을 외면하지 않고 동참하겠다는 말인 미투는 '좋은 편'이 되겠다는 멋진 선언이 될 수도 있기 때문이다. 미투 운동에서는 '고통받는 당신과 함께하겠다'는 말인 '위드유(with you)'도 많이 사용된다.

> **뜻** '나도 그렇다'는 의미로, 성폭력 피해 경험을 밝혀 성폭력 문제의 심각성을 알리는 운동

바이럴 마케팅(viral marketing)

 세상에는 광고가 넘쳐난다. 텔레비전을 볼 때도, 유튜브를 볼 때도, 길을 걸을 때도, 멈춰 서 있을 때도 광고와 만나는 세상에서 우리는 살아가고 있다. 사람들은 광고를 보고 어떤 제품이 새로 나왔는지, 어떤 제품이 어떤 점에서 좋은지를 알게 된다. 우리가 어떤 물건을 살 때, 그동안 우리를 스쳐 지나갔던 광고들이 영향을 미치는 것은 당연한 일이다. 하지만 이런 광고에는 한계가 있다. '회사가 하는 말은 믿을 수 없어. 저건 광고니까 좋은 말만 하는 거야.' 이런 생각들이 널리 퍼져 있기 때문이다. 광고만 믿고 물건을 샀다가 낭패를 본 사람이 워낙 많다 보니 광고에 대한 불신이 쌓이는 것도 당연한 일일 것이다. 이런 이유로 생겨난 것이 '바이럴 마케팅'이다.

어디 가서 외식을 할지, 여행 가서는 어떤 숙소에 묵을지, 영양제는 어떤 것을 살지 등을 정할 때 일단 인터넷 검색을 통해 다른 사람들의 '후기'를 찾아보는 사람들이 늘어나기 시작했다. 기업의 광고보다 직접 사용해 본 사람들의 후기를 더 신뢰하게 된 것이다. 그러자 기업에서는 사람들이 광고보다 후기를 더 믿게 되었으니, 후기를 이용해서 제품을 홍보하는 방법을 찾기 시작했다. 방문자가 많은 블로그에 우리 음식점을 방문한 이야기가 매력적으로 실린다면, 그걸 본 사람들이 우리 음식점을 찾게 되지 않을까? 우리 회사의 새 장난감을 가지고 재미있게 노는 아이의 동영상이 있다면, 동영상을 본 엄마들이 그 장난감을 사지 않을까? 이런 생각에서 누리꾼들에게 대가를 제공하고 자기 회사나 가게를 홍보하는 후기를 올리도록 한 것이다.

이것이 바로 바이럴 마케팅이다. 바이럴 마케팅은 누리꾼들이 메신저나 블로그, SNS 등 다양한 매체를 통해 자발적으로 기업이나 상품을 홍보하도록 만드는 기법이다. 컴퓨터 바이러스처럼 널리 퍼진다고 해서 '바이럴 마케팅'이라는 이름이 붙었다. 사람들의 입을 통해 전해진다고 해서 '입소문 마케팅'이라고도 한다. 이제 소비자 입장에서는 정신을 바짝 차려야 하는 시대가 되었다. 어디까지가 광고이고, 어디부터가 진짜 후기인지 구별하기가 정말 어려우니까 말이다.

뜻 누리꾼들이 메신저나 블로그, SNS 등 다양한 매체를 통해 자발적으로 기업이나 상품을 홍보하도록 만드는 기법
순화어 입소문 마케팅

🔍 보이스 피싱(voice phishing)

학교에서 수업을 하고 있는데 갑자기 아빠가 찾아오셨다. 왜 오셨나 했더니, 아빠한테 '댁의 아이를 납치해서 데리고 있으니 얼른 돈을 입금하라.'는 전화가 왔다는 것이다. '우리 아이는 지금 학교에 있는데 그럴 리가 없지. 이건 '보이스 피싱'이 틀림없어.'라고 생각해서 전화를 끊었지만, 그래도 마음이 놓이지 않아 내가 무사히 잘 있는지 확인하고 싶어서 직접 학교로 오셨다는 것이다. 아빠는 나를 보고 안도의 한숨을 내쉬며 돌아가셨지만, 이런 일이 너무 자주 일어나는 것 같다. 지난번에도 비슷한 일로 샛별이 엄마가 학교로 달려오시기도 했으니 말이다.

보이스 피싱은 목소리를 뜻하는 보이스(voice)와 개인 정보를 가리키는 프라이빗 데이터(private data), 그리고 낚시를 뜻하는 피싱(fishing)이 합쳐져 만들어진 말이다. 전화를 통해 가족 관계, 금융 정보와 같은 개인 정보를 알아낸 다음, 그 정보를 활용해서 상대방을 이리저리 속여 돈을 뜯어내는 범죄를 보이스 피싱이라고 한다. 수법도 여러 가지다. 동생이 지금 경찰서에 잡혀 있는데 일단 돈을 보내 주면 동생이 풀려나게 해 주겠다거나, 당신의 통장이 당신도 모르는 사이에 범죄에 이용되었으니 일단 돈을 보내 주면 문제를 해결하게 해 주겠다는 식으로 접근한다. 이처럼 계속 새로운 수법이 개발되고 방법도 교묘해지고 있어 피해자가 점점 늘어나고 있다.

요즘은 전화 통화가 아니라 문자 메시지를 이용하기도 한다. 문자를 이용한 사기는 보이스 피싱에서 '보이스' 대신에 문자를 뜻하는 'SMS'를 넣어 '스미싱'이라고 부른다. 아마 엄마 아빠께서도 '엄마, 난데 내 폰 액정이 깨져서 지금 수리를 맡겼으니 임시로 여기로 연락해.'라든지, '아빠 나 문상(문화 상품권) 사야 하는데 결제 좀 해 줘요.'와 같은 문자를 한 번쯤은 받아 보셨을 것이다. 이런 게 바로 스미싱이다. 이럴 땐 어떻게 해야 할까? 일단 돈을 보내기 전에, 결제를 하기 전에 곰곰이 생각해 보자. 이거 혹시 보이스 피싱이나 스미싱이 아닌지.

뜻 통화로 개인 정보를 빼내어 범죄에 사용하는 사기 수법
순화어 사기 전화

사이버 레커(cyber wrecker)

도로에서 교통사고가 일어나면 가장 먼저 나타나는 차가 있다. 경찰차나 구급차보다도 먼저 나타나는 이 차는 바로 견인차이다. 교통사고가 일어난 걸 어떻게 알았는지, 어디서부터 사고 지점까지 달려왔는지는 알 수 없지만, 어쨌든 항상 가장 먼저 나타난다. 이 견인차를 가리키는 영어 단어가 바로 레커(wrecker)이다. 우리나라에서는 보통 레커차라고 부른다.

현실 도로에 레커차가 있다면 사이버 세상에는 '사이버 레커'가 있다. 사이버 레커란 사이버 공간에서 이슈가 생길 때마다 재빠르게 짜깁기한 영상을 만들어 조회 수를 올리는 유튜버들을 뜻하는 말이다. 가장 먼저 도착하는 레커차처럼, 재빠르게 영상을 만들어 올린다는 뜻에서 사이버 레커라는 이름이 붙었다. 이들은 어떤 사건이 발생하면 앞다투어 그 사건에 대한 해설 영상이나 취재 영상을 올린다.

그런데 여기서 중요한 것은 누구보다 빠르게 움직여야 한다는 것이다. 도로에서 교통사고가 났을 때 가장 먼저 도착한 견인차가 수입을 올릴 수 있는 것처럼, 사이버 공간에서도 남보다 빨리 영상을 올려야만 많은 조회 수를 기록할 수 있기 때문이다. 문제는 '빨리', '제일 먼저'에 있다. 다른 사람보다 앞서기 위해 정보가 정확한지 확인하는 과정을 거치지 않는다. 게다가 사건의 실체를 파헤쳐 진실을 알리는 것보다는 높은 조회 수가 목적이기 때문에, 아주 자극적인 표현도 서슴지 않는 경향이 있다. 다른 사람의 사생활을 파헤치는 데도 주저함이 없다. 이렇게 활동하기 때문에 문제가 없을 수 없다. 영상을 올린 뒤 문제가 되면 해당 영상을 비공개 처리하거나 삭제하고 조용히 사라진다. 하지만 아직까지 이들을 제대로 처벌하고 규제할 수 있는 법률이 마련되지 않은 상태이다.

남의 불행이나 사고, 실수, 결점, 잘못 등을 영상으로 올려서 조회 수를 높이고, 광고 수익을 올리려는 사람들을 비판하면서 나온 말이 바로 사이버 레커이다.

> **뜻** 사이버 공간에서 이슈가 생길 때마다 재빨리 영상을 만들어 조회 수를 올리는 유튜버들을 비판하면서 등장한 말

🔍 성 중립 화장실

아빠가 여동생을 데리고 공원에 갔다가 화장실 문제로 고생을 하셨다고 한다. 나이가 아주 어리다면 남자 화장실로 데려가도 되겠지만, 혼자 여자 화장실 가기에는 아직 어리고, 그렇다고 남자 화장실로 데려가기에는 좀 애매한 나이라서 그러셨다고 한다. 이런 상황은 아들을 데리고 외출한 엄마들도 마찬가지일 것이다. 이런 문제를 해결할 수 있는 방법이 바로 '성 중립 화장실'이라고 한다.

성 중립 화장실은 '모두의 화장실'이라고도 부르는데, 한 칸에 좌변기와 세면대, 휠체어 장애인이 잡을 수 있는 지지대와 기저귀 갈이대 등이 같이 있어 성별과 장애 여부에 상관없이 이용할 수 있다. 그리고 모든 칸이 각

각 독립되어 있어서 모르는 사람과 화장실을 함께 사용해야 하는 불편함도 없다. 가족이라면 함께 화장실을 이용하는 것도 가능하다.

공중화장실을 둘러싼 젠더 문제 가운데 가장 큰 것은 화장실의 개수 문제였다. 남자와 여자는 화장실을 사용하는 데 걸리는 시간 자체가 다른데, 남자 화장실과 여자 화장실의 개수가 같다면 그건 차별이라는 거였다. 실제로 공연장 같은 곳에 가 보면 여자 화장실 앞에만 긴 줄이 서 있는 것을 볼 수 있다. 그래서 요즘 새로 짓는 건물들은 설계할 때부터 여자 화장실을 남자 화장실보다 더 크게 많이 만든다.

공중화장실의 또 다른 문제는 화장실의 남녀 성별 분리가 정당한지와 관련이 있다. 지금까지의 공중화장실은 남자 화장실과 여자 화장실로 나뉘어 있었다. 남자는 남자끼리, 여자는 여자끼리 사용하는 게 당연한 일 아닌가? 그러나 세상에는 그렇게 나누는 것이 불편한 사람들도 있다. 예를 들면 생물학적으로는 남성이지만 여성으로 살아가기로 결정한 트랜스젠더는 남자 화장실을 이용해야 할까, 여자 화장실을 이용해야 할까? 성 중립 화장실이 이런 문제들의 해결책으로 떠오르고 있다.

> 뜻 남자와 여자뿐만 아니라 성소수자, 장애인 등 누구나 차별 없이 사용할 수 있는 화장실

스모킹 건(smoking gun)

　가족이 모두 모이면 먹으려고 냉장고에 넣어 두었던 아이스크림 케이크가 감쪽같이 사라졌다. 가족들은 모두 자기가 먹지 않았다고 발뺌을 하고 있는데, 과연 누구의 짓일까? 그 사이 우리 집에는 아무도 다녀간 사람이 없으니 범인은 우리 가족 중 한 명임이 분명하다. 그런데 아빠가 입고 있는 옷소매에서 아이스크림 자국이 발견되었다. 가족들이 항의를 하자, 아빠는 아이스크림 케이크가 너무 먹고 싶어서 조금만 먹으려 했는데 먹다 보니 다 먹고 말았다고 하신다. 어쨌든 범인은 밝혀졌고 사건은 해결되었다. 이럴 때 우리는 폼을 잡으며 이렇게 말할 수 있을 것이다. '아빠 옷소매에 묻은 아이스크림 자국이 '스모킹 건'이었다!'라고.

스모킹 건이란 범죄나 사건을 해결하는 결정적이고 확실한 증거를 말한다. 스모킹 건은 '연기 나는 총'이라는 뜻이다. 옛날 총은 발사하고 나면 총구에서 연기가 났다고 한다. 그러니 연기 나는 총은 방금 총알이 발사된 총이라는 뜻이 된다. 그런데 왜 연기 나는 총, 스모킹 건이 결정적이고 확실한 증거를 의미하는 말이 되었을까?

아서 코난 도일이라는 소설가가 쓴 〈글로리아 스콧〉이라는 소설이 있다. 우리나라에서는 〈사라진 지옥선〉이라는 제목으로 번역되기도 했는데, 그 소설에는 아서 코난 도일의 다른 작품들과 마찬가지로 셜록 홈스라는 명탐정이 등장한다. 셜록 홈스는 배 위에서 일어난 살인 사건을 해결하는 과정에서 목사가 연기 나는 총을 들고 있었고, 그러니 바로 그 목사가 범인이라는 추리를 한다. 연기 나는 총을 들고 있는 사람, 그가 바로 범인이라는 것이다.

이 표현이 유명해진 것은 1970년대 미국의 닉슨 대통령이 저지른, 워터게이트 사건이라 불리는 불법 행위 때문이다. 조사 과정에서 사건과 관련된 녹음테이프가 발견되었는데, 이것이 유죄의 결정적인 증거가 되어 닉슨 대통령은 대통령직에서 물러나게 된다. 이것을 보도하면서 어떤 기자가 '녹음테이프가 스모킹 건이 되었다.'라는 표현을 썼는데, 그 뒤로 이 말이 널리 쓰이게 되었다고 한다.

뜻 범죄나 사건을 해결하는 데 결정적으로 작용하는 확실한 증거
순화어 결정적 증거

🔍 스토킹(stalking)

 어제 뉴스에서 끔찍한 사건을 봤다. 어떤 남자가 헤어진 여자친구에게 다시 만나자고 계속 문자를 보내고, 전화를 걸고, 집 앞에서 서성대며 괴롭히다가 결국은 그 여자를 칼로 찔렀다는 충격적인 사건이었다. 뉴스에 나오는 사건들이야 원래 끔찍한 것이 많지만, 이건 정말 해도 너무했다. 그런데 방송 기자가 뉴스 말미에 '스토킹이 심각한 범죄로 이어진 사건'이라는 말을 했다. 스토킹? 스토킹이 도대체 뭐지?

 스토킹이란 '은밀히 다가서다'라는 뜻을 가진 영어 단어 스토크(stalk)에서 나온 말로, 상대방의 의사와 상관없이 의도적으로 계속 따라다니면서 정신적, 신체적 피해를 입히는 행위를 말한다. 스토킹은 사람을 괴롭힌다는 점에서 그 자체로도 문제이지만, 결국은 폭행이나 살인 등 심각한 범죄로 이어지기 때문에 더 큰 문제가 된다. 여기서 정신적, 신체적 피해를 입히는 행위의 종류는 아주 다양하다. 문자나 전화, 이메일 등의 통신 수단을 이용한 것도 있지만, 집이나 직장에 찾아가고 원치 않는 선물을 자꾸 보내는 것도 여기에 포함된다. 선물을 주는 것도 문제라고? 상상해 보자. 내가 좋아하는 사람이 내게 꽃바구니를 보내 준다면 받는 나는 아주 행복할 것이다. 그렇지만 내가 싫어하고 두려워하는 사람이 내게 꽃바구니를 보낸다면 어떨까? 그것도 한두 번이 아니고 집요하게 계속 보낸다면? 엄청 무서울 것 같다.

　예전에는 '열 번 찍어 안 넘어가는 나무 없다.'는 말처럼 상대방이 싫다고 해도 계속 사귀자고 덤비는 것이 용기이고 사랑이라고 생각하는 사람들이 많이 있었다. 하지만 당하는 사람의 입장에서 보면 이건 괴롭힘일 뿐이다. 이런 인식이 널리 퍼지면서 2021년 '스토킹 방지법'이 만들어졌다.

뜻 상대방의 의사와 상관없이 의도적으로 계속 따라다니면서 정신적, 신체적 피해를 입히는 행위
순화어 과잉 접근 행위

🔍 알리바이(alibi)

추리 소설을 읽다 보면 반드시 나오는 장면이 있다. 살인 사건이 일어나고, 피해자가 언제 사망했는지 사망 시간이 추정된다. 탐정은 사람들에게 물어본다.

"살인 사건이 일어난 어젯밤 그 시간에 당신은 어디에 있었나요?"

사람들은 서둘러 답을 한다.

"저는 친구를 만나고 있었어요."

"집에서 가족들과 함께 텔레비전을 보고 있었는데요."

"혼자 극장에서 영화를 보았어요."

탐정은 다시 묻는다.

"그걸 증명해 줄 증거나 증인이 있나요?"

사람들은 대답한다.

"제 친구가 증명해 줄 거예요."

"우리 가족들이 증명할 수 있어요."

"어제 본 영화 티켓이 여기 있어요."

왜 이런 걸 확인하는 걸까? 우리는 손오공처럼 머리털을 뽑아 또 다른 나를 만드는 분신술을 쓸 수 없으니, 같은 시간에 서로 다른 장소에 나타날 수 없다. 살인 사건이 일어난 바로 그 시간에 다른 장소에 있었다면, 그 살인 사건을 저지른 범인이 아닐 것이다. 이렇게 그 현장에 없었음을 증명하는 것, 즉 현장 부재 증명을 '알리바이'라고 한다. 추리 소설을 읽다 보면 완전 범죄를 꿈꾸며 알리바이를 조작하는 범죄자들의 이야기를 심심치 않게 만날 수 있다.

그런데 한편으로는 걱정이 되기도 한다. 하루 종일 혼자 집에 있었다면, 그걸 어떻게 증명할 수 있지? 걱정할 필요는 없을 것 같다. 알리바이를 제시하지 못해서 덜컥 범인으로 몰리는 것은 추리 소설에서나 나오는 이야기다. 알리바이는 무죄를 입증하는 중요한 근거이지만, 알리바이가 없다고 곧바로 유죄가 되는 것은 아니다. 현실에서는? 피의자의 범죄 사실을 입증하는 것은 검사가 할 일이다.

뜻 범죄가 일어난 때에, 피고인 또는 피의자가 범죄 현장 이외의 장소에 있었다는 사실을 주장함으로써 무죄를 입증하는 방법
순화어 현장 부재 증명

🔍 엘지비티(LGBT)

　여자라면 마땅히 남자를 사랑하고 남자라면 마땅히 여자를 사랑해야 한다고 생각하는 사람들도 있겠지만, 꼭 그런 것은 아니다. 어떤 여자는 여자를 사랑하고, 어떤 남자는 남자를 사랑한다. 그리고 어떤 사람은 남자와 여자 모두를 사랑할 수도 있고, 남자와 여자 모두에게 끌리지 않는 사람도 있다. 사람은 누구나 여자 아니면 남자로 태어나고, 여자로 태어났다면 여자로 살아가고, 남자로 태어났다면 남자로 살아간다고 생각하는 사람들도 있겠지만, 이 역시 꼭 그런 것만은 아니다. 어떤 사람은 남자도 여자도 아닌 존재로 태어나기도 한다. 어떤 사람은 생물학적인 남자로 태어났지만 여자로 살아가기를 원할 수 있고, 그 반대의 경우도 있다.

세상에는 다양한 사람들이 있고 삶의 방식도 그만큼 다양하다. '엘지비티(LGBT)'는 사람들의 성적 지향이 다양함을 설명할 때 대표적으로 사용되는 단어로서, 여성 동성애자를 뜻하는 레즈비언(lesbian)과 남성 동성애자를 뜻하는 게이(gay), 양성애자를 뜻하는 바이섹슈얼(bisexual), 성전환자를 뜻하는 트랜스젠더(transgender)의 머리글자를 합쳐서 만든 말이다. 다양한 성적 소수자를 지칭할 때 흔히 사용된다.

　얘기가 어렵고 복잡해지지만 조금만 더 설명해 보자. 위에서 '소수자'라는 말은 소수파, 다수파 할 때처럼 그 수가 많고 적음을 뜻하는 말이 아니라, 그 사회의 주류에서 벗어나 있을 때 사용하는 말이다. 비장애인 위주의 사회에서 장애인은 소수자이며, 남성 위주 사회에서 여성은 소수자가 된다. 우리나라 사회는 이성애자 중심 사회이니, 우리나라에서 엘지비티는 성적 소수자가 된다. 하지만 점차적으로 성적 소수자들에 대한 사회적 통념이 변화하고 있다.

　끝으로 주의할 것 하나! 동성애자를 뜻하는 말로 사용되던 '호모(homo)'라는 단어는 그 자체로 멸시와 차별의 뜻을 담고 있으니 사용하지 않는 것이 좋다.

> **뜻** 레즈비언(lesbian)과 게이(gay), 양성애자(bisexual), 트랜스젠더(transgender)의 머리글자를 딴 것으로 성적 소수자를 의미한다.

인플레이션(inflation)

조선 후기 고종이 즉위하던 무렵에는 쌀 한 섬(80kg)의 가격이 7냥 정도였다고 한다. 그런데 고종 3년인 1866년, 당백전이라는 화폐를 대량으로 발행했다. 임진왜란 때 파괴되었지만 나라에 돈이 없어 그대로 방치되어 있던 경복궁을 새로 짓기로 했는데, 궁궐 지을 돈이 없자 돈을 많이 만들어 낸 것이다. 갑자기 돈이 늘어나자 돈의 가치가 급격히 떨어지기 시작했고, 쌀 한 섬의 가격이 45냥이 되었다. 백성들의 생활은 더욱 어려워졌다.

이처럼 물가가 오르고 돈의 가치가 떨어지는 현상을 '인플레이션'이라고 한다. 보통의 인플레이션은 크게 걱정할 일은 아니다. 경제가 성장하면서 자연스럽게 나타나는 현상이다. 하지만 물가가 짧은 기간 동안 급격하게 오른다면 어떻게 될까? 물가가 오른다고 해서 곧바로 임금이 오르는 것은 아니기 때문에 사람들은 어려움을 겪는다. 임금은 제자리걸음인데 물가만 높이 뛴다면, 같은 돈으로 구입할 수 있는 물건이 줄어들고 이는 결국 임금이 줄어든 것과 같기 때문이다. 반대로 계속 물가는 떨어지고 경기가 침체되는 것은 디플레이션이라고 한다.

조선 후기에 나타난 인플레이션처럼 아주 급격하게 일어나는 인플레이션을 '하이퍼 인플레이션', 또는 '초인플레이션'이라고 부른다. 하이퍼 인플레이션으로 가장 유명한 것은 제1차 세계 대전 후 독일에서 일어났다. 전쟁에서 패한 독일은 막대한 돈을 물어야 했는데, 이 배상금을 물어 낼 방법이 없자 돈을 마구 찍었다. 돈을 만들어서 돈을 갚기로 한 것이다. 이렇게 돈이 풀리자 돈의 가치가 떨어지기 시작했다. 사과가 많이 생산되면 사과 값이 떨어지고, 마스크가 많이 생산되면 마스크 값이 떨어지는 것과 같은 이치이다.

1919년부터 3년 사이에 독일의 물가는 무려 1조 배(?)가 올랐다고 한다. 이 때문에 수레에 가득 돈을 싣고 가도 빵 하나 사기가 어려웠고, 돈을 실은 수레를 세워 두고 한눈을 팔면 돈은 놔두고 수레만 훔쳐 갔으며, 돈으로 장작을 사는 것보다 돈을 태우는 것이 더 경제적이어서 돈을 태워 난방을 했다는 등 믿거나 말거나 한 이야기들이 지금까지도 전해진다.

뜻 통화량이 증가하여 화폐 가치가 하락하고, 모든 상품의 물가가 전반적으로 꾸준히 오르는 경제 현상
순화어 물가오름세

🔍 1인 시위(一人 示威)

텔레비전에서 뉴스를 보는데 차별 금지법 제정을 요구하는 '1인 시위'가 벌어지고 있다는 소식이 흘러나온다. 텔레비전 화면에는 어떤 사람이 '차별 금지법을 조속히 제정하라!'는 요구 사항이 적힌 커다란 피켓을 들고 있는 모습이 나오고 있었다. 저 사람은 왜, 저기서 혼자 무엇을 하고 있는 것일까? 1인 시위란 무엇일까?

1인 시위란 혼자서 하는 시위를 말한다. 우리나라에서는 다양한 방식으로 사회 참여를 할 수 있다. 각종 선거에서 지지하는 후보나 정당에 투표를 하기도 하고 서명 운동을 하기도 한다. 또 여러 사람이 모여서 광장이나 도로에서 집회를 하거나 시위를 할 수도 있다. 적극적으로 자신의 의견을 표현하고 정치 과정에 영향력을 행사하는 것은 민주 시민의 권리이자 의무이다. 그중에서 시위란 여러 사람이 공동의 목적을 가지고 도로나 광장, 공원 등 일반인이 자유로이 통행할 수 있는 장소에서 행진하거나 위력 또는 기세를 보여, 여러 사람의 의견에 영향을 주는 행위를 말한다. 많은 사람들이 시위를 통해 자신의 의견을 세상에 알리려고 노력한다.

  대한민국 헌법은 시위의 자유를 보장하고 있기 때문에 누구나 시위를 할 수 있지만 관련된 법을 준수해야 한다. '집회와 시위에 관한 법률'이 바로 그것이다. 그런데 이 법에 따르면 집회나 시위는 '2인 이상'을 의미하기 때문에 1인이 하는 시위는 이 법률을 따를 필요가 없다. 1인 시위는 사전에 신고를 할 필요가 없고, 집회나 시위를 금지하는 장소, 예를 들면 외교 기관이나 대통령 관저 100미터 이내에서도 할 수 있다. 혼자서도 할 수 있으니 간편하기도 하다. 이런 이유로 여러 사람이 시위를 하기 어려운 경우에 1인 시위를 한다. 참여연대라는 시민 단체가 최초로 1인 시위를 시작한 이래 많은 시민들이 정치 참여의 한 방법으로 1인 시위를 활용하고 있다. '나 홀로 시위'라고도 한다.

뜻 자신의 의견을 세상에 알리기 위해 혼자서 하는 시위

🔍 젠더 프리 캐스팅(gender free casting)

얼마 전에 연극 〈햄릿〉을 보았다. 〈햄릿〉은 셰익스피어가 쓴 고전 희곡으로, 덴마크의 햄릿 왕자가 살해당한 아버지의 복수를 하기 위해 좌충우돌하는 이야기이다. 원작은 너무 어려워서 〈어린이를 위한 햄릿〉을 읽고 갔기 때문에 대략의 줄거리는 알고 있었다. 그런데…! 연극이 시작되자 깜짝 놀랄 만한 일이 무대 위에서 벌어졌다. 햄릿을…, 햄릿 왕자 역할을 여자 배우가 맡은 것이 아닌가? 게다가 햄릿의 여자 친구 오필리어를 맡은 배우는 남자였다. 함께 연극을 보러 간 지역 공부방 선생님께 여쭤보니, 그런 걸 '젠더 프리 캐스팅'이라고 한단다. 요즘 연극계는 젠더 프리 캐스팅이 대세라고 하는데, 그게 도대체 뭐지?

젠더 프리 캐스팅이란 '성별'을 뜻하는 젠더(gender)에서 자유로운 캐스팅이란 뜻으로, 캐릭터의 성별과 관계없이 배우를 캐스팅하는 것을 말한다. 남성 캐릭터를 여성 배우가 연기할 수도 있고, 여성 캐릭터를 남성 배우가 연기할 수도 있다. 젠더 프리 캐스팅에는 두 가지가 있다. 하나는 남성 캐릭터를 여성 배우가 맡으면서 그냥 남성 캐릭터로 연기하거나, 여성 캐릭터를 남성 배우가 맡으면서 여성 캐릭터를 그대로 살려 연기하는 것이다. 예를 들면 햄릿 왕자 역을 여성 배우가 연기하지만, 캐릭터는 '왕자'인 설정을 그대로 살리는 방식이다. 다른 하나는 아예 캐릭터 자체의 성별을 바꾸는 것이다. 〈햄릿〉의 주인공이 햄릿 '왕자'가 아니라 햄릿 '공주'가 되는 식으로 캐릭터의 성별을 바꾸는 방법이다.

젠더 프리 캐스팅을 하게 된 이유는 캐릭터의 성비 불균형이 워낙 심하기 때문이었다. 고전 희곡의 주요 등장인물들이 대체로 남성이다 보니, 여자 배우들은 실력이 있어도 중요 배역을 맡을 수가 없었다. 이런 불균형을 해소하기 위해 성별을 뛰어넘는 캐스팅이 시도되었고 결과는 매우 성공적이었다. 관객들은 이 새로운 해석에 큰 관심과 지지를 보내 주었다. 우리는 앞으로 더 많은 젠더 프리 캐스팅 공연을 보게 될 것이다.

뜻 배우의 성별과 상관없이 배역을 정하는 캐스팅을 뜻하는 말
순화어 탈성별 배역, 탈성별 배역 선정

🔍 커밍아웃(coming-out)

 텔레비전이나 인터넷에서 연예인들의 '커밍아웃'이 늘고 있다는 기사를 본 적이 있을 것이다. 커밍아웃이란 성적 소수자가 자신의 성 정체성을 공개적으로 밝히는 것을 말한다. 그런데 왜 이런 일이 기삿거리가 되는 것일까? 오래전에 〈인생은 아름다워〉라는 드라마가 있었다. 이 드라마에 남성 동성애자 커플이 등장하는데, '이 드라마를 보고 내 자식이 동성애자가 되면 책임질 거냐?'라는 항의가 빗발쳤다고 한다. 요즘이라고 해서 동성애자에 대한 시선이 달라졌다고는 할 수 없을 것이다. 이처럼 성적 소수자들은 세상의 곱지 않은 시선에 시달리고 있다. 상황이 이러니 자신의 성 정체성을 숨기고 싶어 하는 것은 당연한 일이다. 그런데도 자신이 받게 될 불이익을 감수하고 자신이 성적 소수자임을 밝히는 사람들이 점점 늘어나고 있는 추세이다.

아이폰을 만드는 회사인 애플의 로고를 모르는 사람은 없을 것 같다. 사과는 사과인데 누군가 크게 한 입 베어 먹은 사과 모양을 하고 있다. 이 로고에 대해서는 여러 가지 설명이 있는데, 컴퓨터 공학의 선구자 앨런 튜링을 추모하기 위한 것이라는 설명이 가장 설득력이 있는 것 같다. 앨런 튜링은 1954년 청산가리를 주입한 독 사과를 먹고 자살했다. 그가 자살한 이유는 동성애 혐의로 체포되어 유죄 판결을 받고 화학적 거세(약물을 주입하여 성욕을 감퇴시키는 방법)를 받게 되었기 때문이라고 한다. 앨런 튜링은 죽고 나서 59년이 지난 2013년이 되어서야 사면을 받았다. 동성애로 유죄 판결을 받았다고? 그렇다. 한때 동성애는 감옥에 가거나 화학적 거세를 받아야 할 정도의 범죄 취급을 받았다.

커밍아웃이 늘어나면서 커밍아웃이라는 단어도 널리 쓰이게 되었는데, 이 가운데에는 잘못된 것도 있다. 어떤 정치인은 범죄 사실을 밝히라는 뜻으로 커밍아웃을 사용했는데 국가인권위원회는 이것이 잘못된 표현이라고 밝혔다. 커밍아웃이 갖고 있는 본래의 뜻을 훼손하기 때문이라는 것이다. 어떤 단어를 사용할 때는 본래의 뜻에 맞게 써야 한다.

뜻 성적 소수자가 스스로 자신의 성 정체성을 공개적으로 밝히는 일
순화어 성 정체성 공개

🔍 크라우드 펀딩(crowd funding)

 엄마랑 이모와 함께 영화를 보러 갔다. 영화가 끝나고 검은 화면에 글자들이 올라온다. 이걸 '엔딩 크레딧'이라고 한다던가? 불이 들어와 자리에서 일어나 나가려고 하는데 이모가 나를 붙잡는다. 어리둥절한 채 있는데 엄마가 손가락으로 화면을 가리킨다. 앗! 이모 이름이 나온다. 알고 보니 이모가 이 영화 제작에 돈을 댔다는 것이다. 이모가 그렇게 돈이 많으냐고 물으니 적은 돈이라도 많은 사람이 모으면 큰돈이 될 수 있고, 그걸로 큰일을 할 수도 있다고 한다. 좋은 뜻에서 만들어지는 영화가 투자를 받지 못해 제작을 못 하고 있다는 안타까운 사연과 함께 '크라우드 펀딩'을 한다고 해서 이모도 약간의 돈을 보탰다고 한다.

'그럼 이모가 제작사에 돈을 빌려준 건가요?'라고 물으니 그건 아니라고 한다. 제작사가 이모에게 돈을 빌렸다면 갚아야 하지만, 이모는 투자를 했다는 것이다. 투자를 하면 투자 결과물을 나누는데, 처음에 어떤 약속을 하고 투자를 했느냐에 따라 나누는 것이 달라진다. 이모는 영화 제작에 성공하면 영화 티켓을 받기로 약속했고, 그 티켓으로 오늘 우리가 영화를 본 것이다. 엔딩 크레딧에 이모의 이름이 들어간 것은 덤이고!

크라우드 펀딩이란 군중을 뜻하는 크라우드(crowd)와 자금 마련을 뜻하는 펀딩(funding)이 합쳐진 말로, 자금이 필요한 개인이나 단체가 많은 사람, 즉 군중으로부터 자금을 마련하는 것을 뜻한다. 보통은 SNS(소셜 네트워크 서비스)를 통해 투자받기 때문에 소셜 펀딩이라고도 한다. 좋은 아이디어가 있는데 돈이 없어서 그것을 실현할 수 없다면 안타까운 일이다. 이럴 때 발만 동동 구를 것이 아니라 크라우드 펀딩을 해 볼 수 있다. 많은 사람들에게 자신의 아이디어를 알리고 투자를 받을 수 있다. 이모의 화가 친구는 크라우드 펀딩으로 전시회 기금을 마련해서 전시회를 열었다고도 한다. 그럼 혹시 크라우드 펀딩을 활용해서 내가 생각해 둔 보드게임도 진짜로 제작할 수 있지 않을까?

뜻 SNS(소셜 네트워크 서비스)나 인터넷을 활용하여 일반 개인들로부터 투자 자금 따위를 모으는 방식
순화어 대중 투자

🔍 탈코르셋(脫-corset)

"나 이제부터 탈코르셋 할 거야!"

텔레비전 드라마에서 여주인공이 어느 날 갑자기 화장품을 다 버리고 머리도 짧게 자른 뒤 선언하듯 말한다. 여주인공의 부모는 그 모습을 걱정스럽게 바라보고…. 그런데 도대체 '탈코르셋'이 뭐지?

탈코르셋이란 말은 벗어난다는 의미의 한자 '탈(脫)'과 여성의 몸매를 가꾸는 보정 속옷인 '코르셋'을 합친 말로, 여성 억압의 상징인 코르셋을 벗어던진다는 의미를 갖고 있다. 그럼 왜 코르셋이 여성 억압의 상징이 된 걸까? 코르셋은 16세기 프랑스에서 발명된 것으로, 단단한 재질로 틀을 만들고 끈을 당겨서 꽉 조이는 방식으로 몸매를 교정해 주는 속옷이다. 옛날 서양 영화에서 날씬하게 보이려고 코르셋을 조이는 장면을 본 적이 있을 것이다. 하지만 여기에는 부작용이 있었다. 너무 무리하게 조여서 어떤 여자는 갈비뼈가 부러졌고, 어떤 여자는 내장이 파열되기도 했단다. 그런데도 여자들은 코르셋을 입었다. 당시는 여자가 사회생활을 할 수 없는 시대였다. 그러니 혼자 살아갈 수 없었고, 예쁘게 보여 결혼하기 위해서는 코르셋으로 몸을 조여야만 했던 것이다.

당연한 얘기지만 이제는 아무도 갈비뼈가 부러지도록 허리를 조이지 않는다. 하지만 그렇다고 정말 코르셋이 사라졌을까? 여자들은 이제 하이힐을 신는다. 서 있는 것도 어려울 것 같은, 아찔하게 높은 굽이 달린 신발을 신고 걷기도 하고 일도 한다. 하지만 여기에도 부작용이 있다. 척추가 망가지고 발가락뼈가 변형된다. 그래도 여자들은 매력적으로 보이기 위해 하이힐을 신는다.

코르셋은 사라졌지만 하이힐처럼 코르셋을 대신하는 것들이 여자들의 삶을 힘들게 만든다고 생각하는 사람들이 늘어나기 시작했다. 가슴을 압박하는 브래지어, 겨드랑이털과 다리털 제모는 꼭 필요할까? 남자들은 그냥 다니면서 왜 여자만? 이걸 좀 벗어던지면 어떨까? 탈코르셋은 여성의 외모를 아름답게 가꿔 준다는 명분으로 여성의 삶을 옥죄는 것들로부터 벗어나자는 의미를 담고 있다.

> **뜻** 여성에게 요구되는, 화장·옷차림·용모 등의 사회적 고정 관념에서 벗어나는 것

🔍 플랫폼 노동(platform 勞動)

　이제는 뭐든지 배달되는 세상이다. 저녁에 주문하고 아침에 일어나면 현관문 앞에 택배 상자가 도착해 있다. 뭔가 색다른 것이 먹고 싶을 때도 번거롭게 외출할 필요가 없다. 몇 번의 터치만으로 온 세상 맛있는 것들을 배달받아서 집에서 먹을 수 있다. 이 얘기는 곧, 수많은 사람들이 배달 노동을 하고 있다는 뜻이기도 하다. 피자를 주문하고 잠시만 기다리면 피자가 배달되는 편리한 세상에 살면서 한 번쯤 궁금할 법도 하다. 이 피자는 어떻게 우리 집까지 배달되었을까? 바로 플랫폼 노동자들 덕분이다.

　'플랫폼 노동'이란 온라인 플랫폼을 기반으로 일하는 것을 말한다. 예전에는 피자집이나 중국집처럼 배달이 많은 업체는 배달하는 사람을 직접 고용했다. 북경반점에는 북경반점 배달 노동자가, 이태리 피자집에는 이태리 피자집 배달 노동자가 있었다는 말이다. 요즘은 달라졌다. '배달의 민족'이나 '요기요' 같은 배달 전문 업체들이 생겨난 것이다. 배달 전문 업체들은 직접 짜장면이나 피자를 만드는 것이 아니라, 가맹점과 소비자, 그리고 배달 노동자를 연결해 주는 역할을 한다. 이처럼 가맹점과 소비자, 노동자 등 다양한 사람들을 연결해 주는 기업을 '플랫폼 기업'이라고 부른다. 플랫폼은 원래 승객들이 기차를 타고 내릴 때 이용하는 승강장을 의미하는 말이었다. 교통수단과 승객을 연결해 주는 공간이 플랫폼이었던 것이다. 소비자와 공급자, 노동자들을 연결해서 필요한 것들을 서로 주고받을 수 있도록 해 주는 기업에 플랫폼 기업이라는 이름이 붙은 것은 바로 이 '연결'의 기능을 강조하기 위한 것이라 할 수 있다.

 플랫폼 노동은 웹사이트나 스마트폰 애플리케이션(앱) 등 온라인 플랫폼을 이용한다. 플랫폼을 통해서 고객은 주문을 하고, 음식점은 음식을 만들며, 노동자인 배달 기사는 음식을 배달한다. 플랫폼 노동에 종사하는 사람들은 배달 노동자뿐만 아니라 택배 노동자, 가사 서비스 노동자 등 다양하다. 쉽게 일을 얻을 수 있고, 원하는 만큼만 일할 수 있다는 장점이 있지만, 노동자를 보호해 주는 사회적 장치가 없어서 많은 노동자들이 위험한 조건에서 일하고 있다는 문제가 있다.

뜻 디지털 플랫폼을 매개로 노동이 거래되는 새로운 근로 형태
순화어 온라인 매개 노동

플리 마켓(flea market)

이번 주 토요일 오후에 '플리 마켓'이 열린다고 한다. 플리 마켓이 무엇인가 해서 사전을 찾아보니 '플리(flea)'는 벼룩이란 뜻이란다. 그러면 '마켓(market)'은 시장이란 뜻이니 벼룩시장? 설마 벼룩을 파는 시장은 아닐 테고, 벼룩이 날뛰는 시장이란 말인가?

플리 마켓이란 사용하지 않는 중고 물품을 가지고 와 판매하거나 교환하는 시장을 말하는데, 19세기 프랑스 파리 근교의 중고 시장 '마르셰 오 뿌세(Marche' Aux Puces)'에서 유래했다고 한다. 프랑스어로 벼룩을 '뿌세'라고 한다니까 결국 이 말도 벼룩시장이다. 벼룩이 득실거릴 정도로 오래된 고물을 판다는 의미에서 벼룩시장이 되었다는 말도 있지만 다른 주장도 있다. 중고품을 거래하는 상인들은 무허가 상인들이었기 때문에 경찰이 단속을 나오면 재빨리 짐을 챙겨 달아나야 했는데, 이때 달아나는 모습이 벼룩처럼 재빠르다고 해서 벼룩시장이 되었다는 것이다. 어느 말이 맞는 것인지, 맞는 얘기가 있기는 한 것인지는 아무도 모른다. 하여튼 중고품 거래 시장을 영어로는 플리 마켓, 우리 말로는 벼룩시장이라고 한다. 요즘 대세인 '당근마켓'은 온라인으로 간 플리 마켓이라고 할까?

플리 마켓에 가면 사용하지 않는 장난감, 작아서 입지 못하는 옷, 이제는 읽지 않는 책들에 가격표를 붙여 놓고 손님을 기다리는 어린이 판매자들을 만날 수 있다. 운이 좋으면 좋아하는 장난감을 아주 싼값에 살 수도 있으니 플리 마켓 광고를 보면 그냥 지나치지 말고 눈여겨볼 필요가 있다. 용기를 내서 판매자가 될 수도 있다. 내게는 필요 없는 물건을 다른 어린이가 잘 사용한다면 그것 또한 신나는 일일 것이다. 게다가 돈까지 벌 수도 있다.

주의할 것 하나! 플리 마켓 말고 프리 마켓(free market)이라는 것도 있다. 프리 마켓은 예술가들이 자신의 작품이나 수공예품 등을 판매하는 시장이다. 문화 공연과 결합해서 흥을 돋우는 경우도 많으니 가까운 곳에서 프리 마켓이 열린다면 달려가 보자. 요즘은 플리 마켓과 프리 마켓을 결합한 '플프 마켓'도 등장했다.

뜻 사용하지 않는 중고 물품을 가지고 와 판매하거나 교환하는 시장
순화어 벼룩시장

핑크택스(pink-tax)

 엄마 셔츠와 아빠 셔츠를 갖고 세탁 편의점에 갔다. 아빠 셔츠의 세탁비는 990원인데, 엄마 셔츠의 세탁비는 2,500원이다. 엄마 옷이나 아빠 옷이나 별 차이가 없어 보이는데, 아빠 셔츠는 와이셔츠라서 990원이고, 엄마 셔츠는 블라우스라서 2,500원이라고 한다. 집에 돌아와서 엄마에게 이상하다고 말하니까 엄마는 그게 바로 '핑크택스'라고 한다.

 핑크택스란 전통적으로 여성을 상징해 온 색깔인 분홍, 즉 핑크(pink)에 세금을 뜻하는 택스(tax)를 붙여서 만든 말인데, 동일한 상품이라도 여성용이라는 딱지가 붙으면 더 높은 가격을 지불해야 하는 경우를 말한다. 일반적으로 여성용 화장품은 남성용 화장품에 비해 8% 정도 비싸고, 여성용 옷은 남성용 옷에 비해 13% 정도 비싸다고 한다. 똑같이 커트 머리를 할 때도 여성에게는 남성보다 더 비싼 커트 비용을 책정해 놓은 미용실도 많다. 단지 여자라는 이유만으로 동일한 제품과 서비스에 더 비싼 가격을 지불해야 하는 것이다. 알게 모르게 많은 제품들에 핑크택스가 적용된다. 외모를 꾸미기 위해 더 많은 돈을 쓰는 것도 여자인 경우가 많다. 남자라면 구입하지 않을 색조 화장품을 구입하고, 헤어스타일을 위해서도 미장원에 더 많은 돈을 지불하게 된다. 외출 준비를 위해서 시간도 더 많이 써야 한다.

여자이기 때문에 돈이 더 드는 것은 옷이나 화장품뿐만이 아니다. 혼자 사는 여성은 혼자 사는 남성보다 범죄의 위험에 더 쉽게 노출되기 때문에 이를 방지하기 위해 더 많은 돈을 써야 한다. 더 비싼 방범창, 더 비싼 잠금장치를 설치하는 것은 물론이고 안전한 곳에서 살기 위해 집세가 더 비싼 곳을 찾아야 한다. 이런 것도 넓은 의미에서 핑크택스라고 할 수 있을 것이다. 핑크택스라는 단어를 알게 되었으니 이제부터 잘 찾아보자. 또 어떤 핑크택스가 있는지 말이다.

어떤 사람들은 여자들도 남성용 제품을 사용하라고 권하기도 한다. 그게 더 가성비가 높다는 것이다. 하지만 더 근본적인 해결책도 있다. 2021년 미국의 뉴욕주는 핑크택스를 금지하는 법을 만들었다. 이 법은 성별에 근거한 가격 차별을 금지하고 있다.

뜻 동일한 상품이나 서비스인데도 여성용 제품이 남성용 제품보다 더 비싼 경우를 이르는 말
순화어 성차별 가격

환경

그린 모빌리티(green mobility)
그린슈머(greensumer)
그린테일(greentail)
리사이클링(recycling)
바이오산업(bio産業)
업사이클링(upcycling)
에어 커튼(air curtain)
에코마일리지(ecomileage)
제로웨이스트(zero waste)

🔍 그린 모빌리티(green mobility)

친구네 집에 놀러 가기로 했다. 그런데 거리가 좀 멀다. 걸어서 30분 정도, 자전거로는 15분 정도 걸린다. 아빠에게 차로 태워 달라고 할까 고민하다가, 그냥 자전거를 타고 가기로 했다. 친구 집에서 놀 생각에 신나게 자전거를 타고 달렸더니 10분 정도 걸려서 도착했다. 아빠 차를 타고 왔어도 이보다 빠르지는 않았을 것 같다. '그린 모빌리티'가 별건가? 이게 바로 그린 모빌리티지!

이동성을 뜻하는 단어 모빌리티(mobility)는 이동 수단을 가리키는 말로 사용된다. 물건을 싣고 달리는 트럭이나 비행기, 배뿐만 아니라 내가 친구 집에 타고 간 자전거도 모빌리티에 속한다. 부모님이 타고 다니는 자동차, 동생이 타는 킥보드도 모빌리티이다. 여기에 친환경을 뜻하는 그린(green)이라는 단어가 붙으면, 친환경 이동 수단 즉 '환경을 오염시키지 않는 깨끗한 이동 수단'이라는 의미가 된다. 기존의 이동 수단인 배나 비행기, 자동차 등은 화석 연료인 석유를 사용해서 움직이는데, 움직일 때마다 미세 먼지와 이산화탄소 등을 발생시킨다. 이렇게 해서 환경이 오염되면 온실 효과가 생기고 지구의 온도가 높아진다.

이 때문에 세계는 지금 친환경적으로 물건이나 사람을 이동시키는 이동 수단을 개발 중이다. 지구를 보호하기 위해 전기, 수소, 태양열 같은 청정에너지를 사용하는 모빌리티를 개발하고 있는 것이다. 자동차 회사들은 2030~2040년 사이에 화석 연료를 사용하는 자동차 생산을 중단하겠다는 선언을 했을 정도이다. 비행기나 배, 기차와 같은 다른 운송 수단도 친환경으로 바꾸기 위해 연구 중이다.

주변의 어른들은 수소차나 전기차를 사용하여 환경을 보호한다. 그럼 난 뭘 할 수 있을까? 내가 차를 타지 않고 자전거로 가까운 거리를 이동하는 것도 환경을 보호하는 데 도움이 된다. 멀지 않는 곳, 아니 조금 먼 장소라도 자전거를 이용하거나 걷는 게 좋다고 어른들에게 알려 줘야겠다.

뜻 전기나 수소같이 환경을 더럽히지 않는 연료를 이용한 친환경적 이동 수단을 가리키는 말
순화어 친환경 이동 수단, 친환경 교통수단

🔍 그린슈머(greensumer)

텔레비전에서 환경 다큐멘터리를 보는데, 불쌍한 거북이 나왔다. 거북의 코에는 플라스틱 빨대가 꽂혀 있었다. 코 주변에 피가 흘러내리고 있었는데, 거북의 눈도 울고 있는 듯했다. 스스로 빨대를 뽑을 수 없으니 사람이 발견하지 않았다면 저렇게 계속 있다가 죽었을 거라고 한다. 그 거북은 운 좋게 발견되어 살았지만, 바다에는 여전히 많은 양의 플라스틱 빨대가 썩지도 사라지지도 않고 돌아다니고 있다.

이런 현실을 바꾸기 위해 친환경 소재로 만들어진 물품을 구입하거나 탄소 배출량 감소 활동에 노력을 기울이는 소비자들이 늘고 있다. 친환경 제품을 선호하고 환경적으로 문제가 되는 기업의 물품은 구입하지 않는 소비자를 '그린슈머'라고 한다. 그린슈머는 친환경을 뜻하는 그린(green)과 소비자를 뜻하는 컨슈머(consumer)의 합성어로, 환경을 생각하는 소비자를 가리키는 말이다.

우리가 아무 생각 없이 쓰고 버린 플라스틱이 동물에게 큰 위협이 되고 환경 오염을 일으킨다. 빨대 때문에 피를 흘리는 거북을 보고 나니 마트에서 빨대를 가져오고 싶지 않아졌다. 빨대가 붙어 있는 음료수도 구입하지 않게 되었다. 이런 생각을 나만 한 게 아닌가 보다. 많은 사람들이 빨대에 거부감을 느끼고, 빨대를 없애 달라는 요청을 기업에 했다고 한다. 그 뒤로 가게에서는 빨대를 권하지 않게 되었고, 회사에서는 빨대가 없어도 마시기 편한 컵 뚜껑을 개발했다. 또 어떤 기업은 플라스틱 빨대 대신에 종이 빨대를 개발하기도 했다. 환경을 생각하는 소비자의 움직임과 요구가 기업에 전달되어 변화를 만들어 낸 것이다.

그린슈머는 소비자 한 사람 한 사람이 세상을 바꿀 수 있음을 보여 주는 단어다. 내가 사용하는 물건을 만드는 회사나 기업은 결국 소비자가 원하는 방향으로 물건을 만든다. 지구와 나를 생각하는 마음으로 물건을 구입하고 사용하는 행동이 나와 지구를 살릴 수 있다.

> **뜻** 환경 보호에 도움이 되는 제품을 선호하는 소비자
> **순화어** 녹색 소비자, 친환경 소비자

그린테일(greentail)

 엄마가 주문한 냉장 식품이 도착해서 포장을 열었더니 아이스 팩이 들어 있는데, 그 모양이 좀 달랐다. 종이로 만든 아이스 팩에 'GREEN ICEPACK'이라고 쓰여 있다. 그린 아이스 팩에는 물이 들어 있는데, 이 물은 식물에게 줘도 될 정도로 깨끗한 물이라고 한다. 아이스 팩 포장지는 종이로 되어 있어 분리수거가 가능하다. 또 물건이 담긴 종이 박스를 포장한 박스 테이프도 종이로 만들어져 있다. 모두 종이 쓰레기로 재활용이 가능하다. 엄마는 이런 걸 '그린테일'이라고 했다.

 그린테일이란 친환경을 뜻하는 그린(green)과 유통을 뜻하는 리테일(retail)이 합쳐진 말이다. 재활용이 가능하도록 제품을 만들거나 친환경 소재로 포장하는 등 물건을 배달하고 판매하는 과정에 친환경 요소를 도입하는 것을 말한다. 예전에 냉장 제품을 택배로 받을 때 들어 있던 아이스 팩은 재활용을 할 수 없었다. 비닐 안에 냉매제가 들어 있어서 함부로 버릴 수 없었고 재활용도 되지 않았다. 포장 박스에 붙어 있던 테이프도 재활용은 되지 않았다. 이제는 배송을 위해 사용되는 물품까지도 하나씩 재활용 제품으로 바꾸고 있다. 어떤 회사에서는 1회용 포장 박스를 사용하지 않는다고 한다. 냉장, 냉동 제품을 배송할 때 회사의 아이스박스에 담아 가지고 온다. 집 앞에는 회사에서 제공하는 아이스박스가 있다. 배달하는 직원은 배달할 물건을 고객의 집 앞 아이스박스에 넣어 두고 간다.

　이와 같은 노력을 통해 환경을 오염시키는 물질의 사용을 줄일 수 있다. 모든 포장재를 재활용 가능한 소재로 변경한 기업은 1년 동안 4,831톤의 플라스틱 사용을 줄였다고 한다. 또 플라스틱 뚜껑을 없앤 햄버거 가게에서는 약 14톤이나 플라스틱 사용량이 줄었다고 한다. 그 밖에도 재활용 통을 가지고 가면 리필할 수 있는 세제를 판매하는 가게, 일회용 비닐봉지 대신 유기농 면으로 만든 백을 사용하는 가게 등도 생겨나고 있다.

뜻 친환경 제품을 출시하거나 재활용이 가능한 용기를 사용하는 등 유통 과정에 친환경 요소를 도입하는 일
순화어 친환경 유통

리사이클링(recycling)

 오늘은 우리 동네 분리수거의 날이다. 엄마 아빠와 함께 집에 있는 분리수거함에 든 쓰레기를 들고 나와 재활용 쓰레기장에 버린다. 쓰레기도 깨끗하게 분리해서 종류별로 버리면 다시 사용할 수 있다. 부모님은 평소에도 내가 비닐 쓰레기를 제대로 버리는지, 플라스틱 쓰레기를 잘 씻어서 버리는지 확인하신다. 만일 그렇지 않으면 바로 잔소리를 하신다. "리사이클링의 기본은 바로 제대로 된 분리수거에 있는 거야!"

 '리사이클링'은 자원을 절약하고 환경 오염을 방지하기 위해, 버려지는 물품을 재생하여 이용하는 것을 말한다. 우리에게 더 친숙한 단어는 '재활용'이다. 다시 활용해서 쓸 수 있는 쓰레기의 분리수거는 곳곳에서 이루어진다. 플라스틱, 종이, 비닐 등을 잘 구분해서 버리면 재활용품 또는 리사이클링 제품을 만들 수 있다. 기업에서는 플라스틱을 모아 새로운 플라스틱 제품을 만들거나 옷을 만든다. 사용한 우유 팩을 모아 재생지를 만들기도 한다. 나는 다 먹은 음료수 통에 식물을 키운다. 이처럼 물건을 변화시키지 않고 다른 용도로 쓰거나, 물건을 완전히 다른 물건으로 만들어 사용하는 일 모두를 리사이클링이라 부른다.

 리사이클링을 하면 천연자원을 보존할 수 있다. 플라스틱, 비닐, 스티로폼을 리사이클링하면 석유의 사용을 줄일 수 있다. 종이를 리사이클링하면 나무를, 캔을 리사이클링하면 알루미늄 같은 금속 원료의 사용을 줄일 수 있다. 리사이클링은 쓰레기를 처리할 때 생기는 땅, 물, 공기의 오염도 줄여 준다. 자원을 아끼고 환경 오염을 줄이는 리사이클링의 시작은 분리수거에 있다. 집에서 분리수거하여 버린 쓰레기는 재활용 선별장으로 간다. 선별장에서는 재활용이 가능한 것과 그렇지 않은 것으로 나눈다. 이 과정에서 재활용이 가능한 쓰레기라도 깨끗하지 않거나 소재가 섞여 있으면 재활용되지 못하고 폐기된다. 내가 분리수거한 물품이 제대로 리사이클링되기 위해서는 한 번 더 확인하는 마음이 필요하다.

뜻 자원을 절약하고 환경 오염을 방지하기 위해서 버리는 물품을 재생하여 이용하는 일
순화어 재활용

🔍 바이오산업(bio産業)

 이모가 어린 사촌 동생을 데리고 우리 집에 놀러 왔는데, 이제 막 이유식을 먹기 시작했단다. 내가 먹여 주겠다고 했더니 이모가 숟가락과 그릇을 주셨다. 이유식 숟가락과 그릇이 플라스틱 같기도 하고 아닌 것 같기도 하다. 알고 보니 옥수수로 만들었다고 한다. 옥수수로 그릇과 숟가락을 만들 수 있다니! 옥수수로 만든 그릇은 환경 호르몬이 나오지 않아 우리 몸에도 좋고, 환경도 오염시키지 않는다고 한다. 이모가 이런 게 '바이오산업'이라고 하셨다.

 바이오산업이란 생물을 뜻하는 바이오(bio)와 산업이 합쳐진 말로, 바이오 기술을 이용하여 제품을 만드는 산업을 가리킨다. 바이오 기술은 생물을 활용해서 제품을 만드는 기술이다. 바이오산업에는 화이트, 그린, 레드의 세 가지가 있다. 먼저 화이트 바이오산업은 식물 자원으로 재생이 가능하고 환경 오염을 줄일 수 있는 연료나 제품을 만드는 산업이다. 옥수수로 그릇을 만드는 것이나 콩으로 연료를 만드는 것 등이 여기에 해당한다. 두 번째로 그린 바이오산업은 식량과 관련된 기술을 연구하고 발전시키는 산업이다. 우리의 먹거리를 생산하는 농업, 임업, 수산업 분야에서 병충해를 줄이고 대량 생산이 가능하도록 한다. 끝으로 레드 바이오산업은 가장 큰 비중을 차지하는 산업으로, 치료 약이나 백신 등 우리의 건강을 지켜 주는 보건과 의료 관련 기술을 개발하는 산업이다. 레드 바이오산업은 인구 증가, 고령화, 전염병 등 사회 문제가 늘어나면서 빠른 속도로 커지고 있다.

벌레 먹지 않은 달콤한 고구마나 열이 날 때 먹는 해열제 등은 모두 바이오산업의 결과물이다. 그렇다면 바이오산업의 미래는 어떨까? 레드 바이오산업은 질병이 없는 세상을 위해 노력하고 있고, 그린 바이오산업은 세상의 누구도 굶어 죽지 않는 것을 목표로 한다. 또 화이트 바이오산업은 지구 에너지를 보존하고 환경 오염을 줄이는 연구를 한다. 세 분야 모두 인류의 안전하고 행복한 미래를 그리고 있다. 오래전부터 있었고, 앞으로가 더 기대되는 분야가 바로 바이오산업이라고 할 수 있다.

뜻 생명 공학을 이용하여 새로운 약품이나 품종, 경제성이 있는 제품 등을 개발하는 산업
순화어 생명 산업, 생명 공학 산업

🔍 업사이클링(upcycling)

 내가 쑥쑥 자라면서 맞지 않아 입을 수 없게 된 옷이 있다. 이처럼 작아지거나 오래되어 입을 수 없게 된 옷들이 많을 것이다. 이런 옷으로 가방을 만드는 방법이 있다. 친구와 만나서 어릴 때 입던 옷을 가지고 유튜브를 보면서 시키는 대로 하나씩 따라 했더니 멋진 가방이 만들어졌다. 천에 쓸 수 있는 펜으로 내 이름도 써서 엄마에게 선물했다. 엄마는 '업사이클링'의 좋은 예라면서 기뻐하신다.

 업사이클링이란 재활용이 가능한 소재에 디자인과 활용성을 더해서 가치를 높이는 것을 말한다. 리사이클링이 버려지는 제품을 고치거나 비슷한 용도로 다시 사용하는 '재활용'이라면, 업사이클링은 '새 활용'이라고 할 수 있다. 디자인을 새롭게 하거나 활용하는 방법을 바꾸어 새로운 제품을 만들어 내기 때문이다. 업사이클링으로 제품을 만들어 파는 회사도 생겨나고 있다. 길가의 현수막이나 자동차의 안전벨트 등을 이용하여 가방을 만든다. 사용이 끝난 물건을 완전히 새로운 용도로 사용할 수 있도록 하는 것이다. 우리가 먹는 장어의 껍질을 가공하여 만든 카드 지갑, 양말 만들 때 나오는 폐기물인 양말 목으로 만드는 냄비 받침, 자투리 목재로 만드는 가구도 이용되지 못하고 버려지던 부산물이 새로운 제품으로 태어나는 경우이다. 플라스틱이 재활용될 경우 보통은 처음 만든 플라스틱보다 품질이 떨어진다. 그런데 미국에서 이미 사용한 플라스틱을 더 좋은 플라스틱(열가소성 폴리우레탄)으로 만드는 연구에 성공하여 회사를 만들었다. 리사이클링을 넘어서 업사이클링을 이룬 사례라 할 것이다.

재활용이나 새 활용에는 원재료를 사용하는 것보다 더 많은 돈과 시간이 들어간다. 그렇지만 내가 지구에게 빌려서 사용하는 한정된 자원을 보호하는 역할을 한다. 사람들은 리사이클링과 업사이클링을 통해 이미 만들어진 물건을 반복해서 재사용하는 것을 목표로 연구하고 있다. 그렇게 된다면 가축을 도축할 필요도 없고, 석유가 고갈될 염려나 나무가 사라질 걱정을 하지 않게 될지도 모른다.

뜻 재활용할 수 있는 옷이나 의류 소재 따위에 디자인과 활용성을 더하여 가치를 높이는 일
순화어 새 활용

🔍 에어 커튼(air curtain)

일요일 오후, 햇빛이 거실 전체에 비쳐 든다. 눈이 부셔서 텔레비전을 보기가 힘들어 커튼을 쳤다. 햇빛이 가려져 텔레비전이 훨씬 잘 보인다. 엄마는 잠자리에 들기 전 창문에서 바람이 들어온다며 커튼을 친다. 커튼은 빛도 막고, 바깥의 온도가 집 안에 영향을 미치는 것도 조절해 주는 기능을 한다. 그런데 커튼은 커튼인데 눈에 보이지 않는 커튼도 있다. 바로 '에어 커튼'이다.

에어 커튼은 공기를 뜻하는 에어(air)와 커튼(curtain)이 합쳐진 말이니, 말 그대로 공기로 만든 커튼이다. 마트에 가면 문이 달려 있지 않은 냉장고가 있다. 냉장고는 문을 닫지 않으면 냉기가 빠져나와 온도를 유지하기 힘들다. 그런데 어떻게 냉장고에 문이 없을 수 있을까? 그건 눈에 보이지 않는 강한 공기의 막이 문의 역할을 하기 때문이다. 공기의 막이 외부의 더운 공기가 안으로 들어오지 못하도록 막아 준다. 그런데 문이 없어 고객이 물건을 보거나 사기가 더욱 편리하니, 문이 있을 때 보다 더 많이 팔 수 있다. 마트는 많이 팔아서 좋고, 손님은 쇼핑이 편리해서 좋다. 에어 커튼이 마트 냉장고에만 있는 건 아니다. 마트나 식당의 출입구에도 있다. 가게에 들어갈 때 입구에서 바람을 만난 적이 있다면 이미 에어 커튼을 경험한 것이다. 출입하는 곳에 에어 커튼을 설치하여 실내 온도가 외부 온도의 영향을 받지 않도록 한다.

원래 에어 커튼의 시작은 온도 조절을 위한 것이었는데 생각지도 못한 효과가 또 있었다. 강한 바람이 문을 열 때 벌레나 먼지가 실내로 들어오지 못하게 막아 주고, 내 옷의 먼지도 털어 주는 것이다. 덕분에 온도 유지를 위해 시작된 에어 커튼의 사용 범위가 넓어졌다. 지하철 출입구와 버스 정류장에도 에어 커튼을 설치 중이다. 지하철 문에 설치된 에어 커튼은 문이 열릴 때 지하철 내의 온도를 유지하고, 바깥의 미세 먼지가 들어오지 못하도록 한다. 버스 정류장의 에어 커튼은 버스 기다리는 사람들을 더위와 매연으로부터 보호해 준다.

뜻 강한 공기의 막으로 외부 공기의 흐름을 차단하는 장치
순화어 공기 커튼, 공기 장막

🔍 에코마일리지(ecomileage)

 우리가 집에서 에너지를 절약하는 방법은 여러 가지다. 샤워 시간을 짧게 한다, 에어컨 설정 온도를 26도에서 28도로 2도 높인다, 전기밥솥의 보온을 하지 않는다 등등. 학교에서도 사용하지 않을 때는 교실의 형광등을 끄고, 콘센트에 꽂혀 있는 플러그를 뽑고, 학용품을 절약하고 이면지를 재활용하여 에너지를 절약할 수 있다. 이런 방법을 통해 '에코마일리지'를 적립할 수 있다.

 에코마일리지란 친환경을 뜻하는 에코(eco)와 적립금 등을 쌓는 것을 뜻하는 마일리지(mileage)의 합성어로, 환경 보호를 위해 서울시에서 시행하는 프로그램을 말한다. 에코마일리지 홈페이지에서 회원 가입을 하고 전기, 수도, 도시가스 등의 에너지 사용량을 줄이면 그에 따라 마일리지를 적립해 준다. 이렇게 적립된 마일리지 포인트는 제휴 가맹점에서 현금처럼 사용할 수 있고, 이동 통신 요금 등으로 결제할 수도 있다.

　지구 온난화를 해결하는 근본적인 방법은 온실가스의 배출량을 줄이는 것이다. 온실가스 배출을 줄이는 방법으로는 에너지 절약, 재활용, 환경 친화적 제품 사용, 신재생 에너지 사업 발굴 등 여러 가지가 있다. 서울시는 그중에서 건물에서 할 수 있는 다양한 에너지 절약을 개인이나 기업이 하도록 돕는 사업을 시작했다. 개인이나 기업에서 사용하는 전기, 수도, 도시가스의 사용량을 확인하여 절약한 만큼 에코마일리지로 적립해 주는 것이다. 내가 사용하지 않는 콘센트의 플러그를 뽑는 일로 지구도 구하고, 집과 학교에 에코마일리지도 쌓는다.

　현재는 서울시에서만 시행하고 있고, 건물에서 사용하는 에너지에 대해서만 적용되는 것이 조금 아쉽다. 다른 지역에서도 비슷한 사업을 계획하고 있다니 기대해 보아야겠다. 건물에서 사용하는 에너지 외에 쓰레기 줄이기 같은 다른 활동에도 에코마일리지가 도입되면 어떨까?

뜻 환경 보호를 위해 서울시에서 실행하는 프로그램으로, 가정이나 건물 등에서 전기나 수도, 도시가스와 같은 에너지의 사용량을 줄이면 마일리지를 적립해 준다.
순화어 환경 적립금

🔍 제로웨이스트(zero waste)

　요즘에는 마트나 문구점에 물건을 사러 갈 때 에코 백을 준비하는 사람들이 많다. 에코 상점에서는 세제 통을 가져가면 통 값을 제외한 비용으로 세제를 살 수 있다. 우리 집도 친환경 세제를 자주 사면서 에코 상점의 단골 고객이 되었다. 에코 상점에서는 에코 백을 깜박한 날이면 물건을 '친환경 봉투'에 넣어 준다. 봉투 아래쪽에는 '100% 생분해성 수지로 만든 친환경 봉투입니다.'라고 적혀 있다.

　농부나 요리사, 수공예가가 직접 생산한 물건을 파는 장터가 매달 둘째 주 목요일 구청 앞 광장에서 펼쳐진다. 이곳에서 채소는 신문에, 식료품은 유리병에 담아 판매한다. 이 장터에서는 일회용품 사용을 금지한다. 우리 집에 있는 쇼핑백이나 반찬 통을 기부하면 물건을 판매하는 분들이나 미처 바구니를 준비하지 못한 방문객들이 사용하도록 한다. 이런 활동은 '제로웨이스트'를 위한 것이다.

제로웨이스트는 '영(0)'을 뜻하는 제로(zero)와 쓰레기를 뜻하는 웨이스트(waste)의 합성어로, 지구상에 쓰레기가 하나도 남지 않게 하겠다는 운동을 말한다. 내가 일회용품 사용을 줄이고 계속 사용할 수 있는 에코 백이나 텀블러를 사용하면 제로웨이스트 운동에 동참하는 것이다. 어쩌다 일회용품을 사용하더라도 분리수거를 제대로 하면 제로웨이스트를 실현하는 데 도움이 된다.

기업에서는 제조, 유통 등 전 분야에서 제로웨이스트를 위한 연구와 실행을 하고 있다. 연구와 실행에는 시간과 돈이 들어가기 때문에 아직 걸음마 수준이다. 내가 플라스틱이나 비닐로 포장되지 않은 상품을 사고 싶어도 마트에서 팔지 않는 경우도 많다. 또 플라스틱 용기 사용을 줄이려고 통을 들고 가도, 사용하지 못하는 경우도 있다. 그러나 지구와 우리의 안전을 위해 꼭 필요한 일이라 생각해서 제로웨이스트에 동참하는 기업이 늘고 있다. 편의점의 친환경 봉투, 재사용이 가능한 우유병, 포장지를 사용하지 않는 상점 등이 그 예이다. 나라에서도 캠페인을 벌이거나 법을 제정해 쓰레기를 줄이는 일에 앞장서고 있다.

뜻 환경을 보호하기 위해 쓰레기 배출량을 줄이는 캠페인
순화어 쓰레기 없애기